本书受常熟理工学院学前教育一流本科专业建设点（品牌）（CZ20192109）、重点学科（教育学）（KYX201905）经费资助。

本书系2017年度江苏高校哲学社会科学基金项目（2017SJB1380）"幼儿教师情感能力培育研究"成果。

别焦虑
我们慢慢来

理解孩子的内心世界

田学英◎著

上海三联书店

目　录

《别焦虑，我们慢慢来：理解孩子的内心世界》推荐序　/ 1

焦虑：头脑的狂想和乐趣的失去　/ 1

第一章　自我蕴含于生命之中　/ 1

　　1. 敬畏生命，呵护成长　/ 2

　　2. 信任生命自身的力量　/ 4

　　3. 自发性　/ 8

　　4. 爱是一束光　/ 13

　　5. 自由　/ 20

　　6. 界限　/ 26

　　7. 自信　/ 34

　　8. 不设限的生命　/ 42

9. 所谓世人，不就是个人吗？　/ 51

第二章　与世界链接　/ 55

1. 世界是什么样的？　/ 56

2. 感觉　/ 62

3. 审美　/ 66

4. 语言、理性及其局限　/ 71

5. 让儿童直接与事物链接　/ 75

6. 所有真正学习的精神都是爱　/ 85

7. 那些对世界的爱，到哪里去了？　/ 91

8. "挫折教育"背后的逻辑　/ 98

第三章　倾听初心　/ 105

1. 宝贵的愿望　/ 106

2. 无深情，不少年　/ 110

3. 看见　/ 115

4. 孩子的真正需求　/ 122

5. 孩子是浪漫的　/ 133

6. 我不要你觉得，我要我觉得　/ 139

7. 哭声是内心的放大器　/ 144

8. 道理有多深，心就有多远　/ 148

9. 青少年如何看待"叛逆"　/ 156

第四章 为人父母 / 171

1. 为人父母，从容自在最难得 / 172

2. 孩子带来新的世界 / 175

3. 你不焦虑，他便安好 / 179

4. 直面无能感 / 182

5. 让孩子没有负担地享受生命的美好 / 189

6. 有多少祝福其实是诅咒？ / 193

7. 做诚实的家长 / 195

8. 为什么"看见"一个人很难？ / 203

9. 孩子的初心和成人的执念 / 211

10. 与孩子沟通，没有捷径 / 216

主要参考文献 / 231

后记 / 236

《别焦虑，我们慢慢来：理解孩子的内心世界》推荐序

2020 年诺贝尔化学奖得主 Emmanuelle Charpentier、Jennifer A.Doudna 在发表获奖辞时，一位说：**"我热爱科学领域中不断解谜的过程，而最让我开心的应该就是，能够和跟我志同道合的杰出科学家们一起富有激情地工作和探索。"** 另一位的发言更简洁：**"好奇心、求知欲和理解力一直是我生命里强大的驱动力。"** 我记得类似的获奖辞也在其他的诺贝尔奖得主口中听到过。这些获奖辞中的精神清晰地表达了作者田学英博士在《别焦虑，我们慢慢来：理解孩子的内心世界》一书中所想表达的核心：孩子的世界、孩子的初心。

但儿童青少年初心的保持，其实十分有赖于社会环境所提供的支持系统，如果作为支持系统主要支柱的父母和老师

对此是毫无意识的，这些初心在支持系统本身的问题下就会逐步枯萎而产生各种儿童青少年问题。目前，各地每年中小学生的自伤、自杀事件令人触目惊心，而更多的是我所接触的临床心理咨询中所接触的各种厌学问题、亲子冲突。据中国一些心理咨询机构的统计，在目前心理咨询来访目的中，情感、症状、亲子三大问题是数量最多的。良好支持系统的建立不是一个下意识的工作，而是一个需要学习的过程。换句话说，在当代社会面对儿童青少年的各种表达时，无论是做父母还是做老师，都是需要学习的，并且是要学习新的知识。同时，学习又需要父母和老师具有反思的态度，经常能够在与儿童青少年互动中去反思自身的言行，随时做出调整，以形成良好的动态支持系统，去保护和发展儿童的初心。

随着社会进步，当代中国儿童青少年的发展已经进入到一个全新状态，不论是教育知识的更新，还是儿童青少年的心智等。在这样的实际情况下，随着我们时代和社会在物质条件更加丰富、对生活有更高追求的希望下，对孩子有更高期盼的想法当然就会产生。但精神分析家卡伦·霍妮曾指出，我们正在经历神经症的时代（虽然那是指美国五六十年代，但也和我们中国当代有类似）。所谓时代的神经症的特征之一就是强迫性的完美主义，这时我们给予自己反思的机会是十分重要的，特别是在儿童青少年教育上。我们社会的物质生活逐步变得丰富幸福了，我们也下意识地希望一切都能够好起来，尤其希望自己的孩子能够好起来，成为社会羡慕的对象。并且我们常常会把幸福的指标狭隘地局限于学习成绩这个单一的价值上。但我们不能忘记，每个儿童青少年其实是十分不同的，儿童青少年发展的偏向性、儿童青少年发展的快慢差异是很大的。说到底，这也就是人与人的区别。如果在这种实际情况下，以一种单一的期盼与机械的设定去理解和要求不同的孩子，儿童青少年的初心就很容易被淹没掉。被淹没掉的初心其实并不会消失，而是可能变形为我们更无法理解的行为出现，例如厌学、问题行为、与父母冲突等等。

　　每个孩子究竟是如何的？作为父母和老师，我们又如何去倾听孩子的内心？这需要一个了解和学习的过程，需要反思，需要理念的转换。田学英博士在《别焦虑，我们慢慢来：理解孩子的内心世界》总结了她的研究和思考，我想对父母和老师理解孩子的内心会有很大帮助。因此我推荐大家阅读这本作品，和同为孩子妈妈的作者一起走在不断理解孩子、和孩子共同成长的路上。

徐　钧

2020 年 10 月 16 日，上海

焦虑：头脑的狂想和乐趣的失去

一

别焦虑，我们慢慢来，可能吗？不焦虑，是不是站着说话不腰疼？如果不焦虑，那应该怎样？

如果仅仅说，焦虑的反面是不焦虑，是放下，那只不过是一句毫无意义的废话而已。道理谁都懂，但说了等于没说。

我理解的焦虑是头脑的狂想和乐趣的失去。

人类的头脑无疑是聪明的，可以逻辑推理、可以反思、可以幻想、可以引领我们看到更大的世界、可以指导我们的行动。但头脑很容易不加约束地飞向天际，无边畅游。这个约束就是我们自身的限度和客观的事实。我们的头脑很善于脱离具体的情景、脱离身体的或事实的限度，快速将"自我"参与和加入到世界的欲望、比较和竞争中去。当我们不清楚自己是谁、不确认自己的价值所在，不明白自己的禀赋与限度时，我们便无法凝聚一个有力而稳定的自我安住于内心。我们的头脑会分裂出一个个的"小我""假我"与世界周旋，向世界寻求认可，向世界证明自己。当我们迷失于头脑的狂想时，焦虑便不可避免。

我们有意愿进入世界、参与世界，这是生命的动力，非常宝贵。但是，如果这种参与世界的意愿有太多过于赤裸的欲望和功利时，就会离我们的初心越来越远。真正纯粹而宝贵的参与世界的意愿和想要生活的渴望常常在孩子身上看到。孩子们想要进入世界、想要生活，他们只是单纯地被世界和生活吸引，只是单纯地对世界和生活感兴趣，他们想身心一致融入世界和生活，愿观其好，愿闻其详，真诚而专注。他们不像成人那样——身体和心灵离世界远远地做旁观者，只是让头脑去占有或分析世界。

我们为什么焦虑？何以难以沉下心来？当我们把世界摆上砧板，计算着衡量着能从世界获取些什么的时候，我们汲汲于所得，戚戚于所失，是谓焦虑；所谓沉不下心即是，我们无法只是单纯地和事物在一起，单纯地和世界在一起。当我们想要占有世界时，我们便失去了世界。当世界在我们眼里只剩下功利的欲望而趣味尽失，我们就迷失了自己。

二

焦虑的解决之道是安于事实与限度、重拾对世界的兴趣。

当我们的头脑裹挟着这样那样的"小我""假我"飞出去太快时，我们用客观事实和自身限度这样的准绳拉一拉，提醒我们安住于内心，着眼于事实。信任、珍视我们自己以及孩子的独特禀赋与价值，欣赏他人的美好，重拾对世界和生活的兴趣。

为什么成人一直听不见、看不见孩子？为什么孩子兴奋的、快乐的、骄傲的或者低落的、沮丧的、伤心的心情，大人看不到？为什么那个想要画画的孩子，她爸爸说，你给我画个100分？

这是因为，成人们已然丧失了乐趣。

养那些花花草草有什么用？不能吃不能喝；看电影干吗呀？乱花钱；那些动画小说有什么好看的，还不赶紧看书学习去？

孩子拥有的第一智慧就是感觉、审美和乐趣。审美和趣味就是生命力，是个体链接世界最重要的通道。

孩子们只关注事物本身，被事物本身的美好和有趣吸引，这多纯粹，多宝贵！

孩子内心对于世界的热爱、对于生活的小欢喜、对于生命的喜悦，对于美和幸福的向往和追求，就是生命的动力、学习探索的动力、创新创造的动力、改变生活改变世界的动力啊！

孩子就像天生的贵族、纯粹的艺术家，他们被世界所吸引，发现世界的美，感知世界的趣味，他们由衷地感叹："好美啊！""真有意思啊！"他们从高高的滑梯上滑下来，咧嘴大笑；

他们玩游戏假装做好了饭，端给你吃……然而，成人无动于衷的冷漠，敷衍应付的推脱，不屑一顾的轻蔑，大煞风景的扫兴，让蓬勃的生命力逐渐愚钝、内伤、哑火。

难怪英国作家王尔德说，把人分成对的和错的是荒谬的，人要么是迷人要么是乏味。

越来越无趣的成人，背离了最宝贵的生命动力和初衷，却放任头脑焦虑地到处追问，"养育孩子的方法和技巧是什么?""孩子有问题，应该怎么办?""孩子厌学了怎么办?""孩子不上进怎么办?"

看到具体的人和具体的情景，看到生动的世界。成人和孩子都是真实亦丰富、有局限但同时有无限可能的人，世界也充满着魅力、神秘和惊喜。真诚地对人、对世界感兴趣，不把孩子视为抽象的工具，也不把世界视为工具。孩子必须作为有尊严的主体，对世界产生亲近与好奇，产生情感，才会逐步想要更多地探索世界，才能与世界对话。所有的力量都会从那个有主体性的孩子身上发出。

重拾对世界的兴趣，认真倾听自己的内心，认真对待自己对待孩子，好奇、沉醉、投入、喜悦，我们可以不焦虑。因为当我们这样做的时候，无论过程还是结果都会很好。

第一章　自我蕴含于生命之中

　　培育孩子最重要的目标之一，就是让孩子活出自我的生命力和主体性。所有的关系所有的爱都是为此目的保驾护航。让孩子在爱与自由的阳光照耀下，信任自己与生俱来的生命力是多么美好，能勇敢地释放生命力、享受生命中的美好，也因为这种美好而能承受生命中的困境和苦难。

1. 敬畏生命，呵护成长

> 真正"守护"孩子成长，并不是在每件事上都去"教导"（这样的结果不过是变成了干涉）孩子，而是相当需要付出精力的一件事。
>
> 父母总是认为，孩子的成长是一条直线不断向右上方发展的，总是觉得下一阶段会比上一阶段好，但实际上，孩子的成长是忽上忽下，成之字形。当之字形向下发展时，如果父母能够泰然自若，孩子也会活得轻松。
>
> ——日本儿童教育家河合隼雄

人类在孕育生命时，无法人为控制精子与卵子是否相遇、何时相遇、哪一个精子与卵子相遇；当精子与卵子结合后，人类也无法控制受精卵是否着床是否发育良好；当胎儿在母亲肚子里时，母亲所能做的也只能是照顾好自己的身体。看，即使这么多环节中人类所能做的都很有限，然而，从生殖细胞孕育成为一个呱呱坠地的生命，这件神奇而伟大的事情从古至今也都以比较大的概率自然而然地发生着。这样一件奇妙到不可思议的事，已然平常到了人们司空见惯不会为之时时惊叹了。

宝宝出生后，成人在精心喂养与照顾宝宝的过程中，也逐渐"喂养"了自己的"自恋":小婴儿完全依靠成人才能生存,成人对婴儿负有绝对的责任、具有绝对的权威。于是乎,成人开始无视生命与生俱来的神秘与自主,他们制定了种种规则,只为自己的方便:定时喂奶而不是按需喂奶;婴儿哭的时候不要抱,不然他总是要讨抱;几个月时就给婴儿把屎把尿好让他养成规律排泄的好习惯……这种"自恋"如果不加反思,就一直延伸到孩子成长的过程中。

我们真的能为生命制定规则、制定时间表吗?那也许只是生活的规则。而生活的规则如果不服从生命的规则,就是对生命的毁坏。面对生命,我们真的能"知无不言、言无不尽"吗?对于这个问题,得要多么膨胀的自恋和无知无畏才能回答"Yes"。我们是不是总想试图去抓住一个终极的真理,或者只是将听别人说的、书上看的还有所谓的专家权威之语当成自以为对的真理紧紧攥在手中刻在脑中,以此作为一种价值判断,去指导我们自己的生活,也去规范孩子的生活?最终将自己和孩子的生命当成一种循规蹈矩、按部就班的干巴巴的苦差事,亦步亦趋,根据既定程序作出反应,却失去了生命的神秘、随意、自由、欢欣、丰盈、活力、创造与有趣。

如果还有惊叹,我们便不会忘记,我们的孩子在孕育之初就有着自然、神秘而强大的力量。如果说宇宙有终极真理,那不就是生命本身吗?生命本身难道比不上那些只言片语和规则规范?

如果还有惊叹，我们便会带着敬畏，饱含深情地注视着孩子，正视孩子的欲望和需求，尊重孩子的节奏和方式，抱持孩子的不成熟和犯错，允许孩子"忽上忽下"，允许孩子的感受和想法超越成人的思维所能达到的界限。

如果还有惊叹，如果还能去信任生命的力量，我们便会Hold 住自己，少一些喋喋不休，多一些陪伴呵护，少一些焦虑不安，多一些放松自在，放过孩子也放过自己。

2. 信任生命自身的力量

> 请不要做出违背自己心意的决定，没有人规定人生里每一天都得像战车般冲撞，有时候，请放手让宇宙去运转，而你，只需静下心来，滋养灵魂，与自己同在。
>
> ——《爱自己，别无选择——每天练习跟自己在一起》

儿童是自然之子，携带着涌动的本能来到人间。他必然愿意被这个温暖美好的世界拥抱，也愿意热情地拥抱这个世界，和这个世界慢慢地接触、融合、碰撞、升华。儿童借母亲的子宫，回归人类的家园。在这个世界，他的感官逐渐发育，去听、去看、去闻、去嗅、去触摸、去感受；他汲取能量慢慢长大，开始活动肢体、臂腕、手脚，爬行、走路、奔跑、攀援，也经历好奇、疑惑、探索、欣喜。

在儿童发展、成长的过程中，是成人先行获得的知识与经验、道理与规则指引着儿童未来之路去往哪里、该怎么走吗？非也。著名的意大利幼儿教育家蒙台梭利在《有吸收力的心灵》一书中指出："在自然界，所有生物都有这样的倾向：每一个生物个体都在自我发挥作用。因此，儿童也要服从这种自然安排"①，就像太阳每天从东边升起是自然规律，并非是由于公鸡打鸣所致。

蒙台梭利认为，"在个体进化过程中有一个重要的力量在起作用，这种推动人走向完善的力量就是人的本能（Horme）……它是一种潜意识的极重要的力量，它推动儿童做某些事，在儿童的正常成长过程中，其不受阻碍的行为表现在我们所说的'生命喜悦'中。儿童总是满腔热情、幸福欢乐地做自己喜欢的事"。②

孩子们身体开始发育，力量逐渐增强，协调性日益灵活，他们学会走路、吃饭，学会控制大小便。在这个慢慢尝试、感受、试错的过程中，孩子与世界之间建立了链接和默契，孩子与世界之间有着秘而不宣的暗语，存在着呼吸吐纳的通道。孩子们感受天气的冷暖、四季的变幻、食物的咸淡、心

---

① 玛利亚·蒙台梭利：《有吸收力的心灵》，上海：上海人民出版社，2019年，第101页。

② 玛利亚·蒙台梭利：《有吸收力的心灵》，第93、94页。

情的悲欢，成长为有个性的、深情的、敏锐的、丰满的人。他们可以在阳光和微风下尽情舒展，也会在遇到狂风暴雨时弯腰低头，等待雨后彩虹。

央视纪录片《地球脉动》里曾提到一种植物，它生长在白天与黑夜温差极其悬殊的环境中。这种植物在温暖的白天会舒展开来，沐浴在阳光下，尽情吸收太阳的能量和温暖，而当夜晚的酷寒来临，它就会合起来保护自己不受伤害。自然界的生命体就是这样不可思议，拥有主动调节自身以适应外界环境的奇特能力。植物尚能如此，更何况人？可惜，很多时候，成人往往是杞人忧天，担心孩子会不会冻着、有没有吃饱，什么时候该撒尿拉屎了……过多的介入和管控，干扰了孩子对身体内部信息和能量的感知，扰乱了孩子建立自身节奏的步伐，损害了孩子天然的感受力和灵活调节的能力。

当然，孩子的身体不可避免会遭遇细菌和病毒的侵袭，但人类的身体也往往具有自愈的能力。父母们难免焦虑，孩子稍有感冒、发烧咳嗽，就去看医生拿药吃。有些医生其实并不专业，他们只是头疼医头脚疼医脚，只是想灭掉症状。这样的情况下，许多药物本质上只是在安抚父母的焦虑，而让孩子代为受过。越是专业的医生越是能够信任身体本身的自愈能力，也越是能够看到身体的整体状况，所以有时候专业的医生反而看起来无能为力。

有一段时间，我家孩子出了荨麻疹，网上咨询了皮肤科专家。医生是这样回复的：1. 慢性荨麻疹目前确切的原因还不知道，正在科学研究当中；但是可以确定的是荨麻疹是单纯的皮肤问题，对人的身体健康不会有影响，也不影响生长发育；2. 目前没有药物能够保证根治荨麻疹，但是所有的荨麻疹最终都是可以自愈的，啥时能自愈目前无法预测，小孩子慢性荨麻疹的自愈过程通常是两个月到两年左右；3. 如果只是有单纯的皮疹发作，并不痒，不影响生活，完全可以不用治疗；可以任凭皮疹的反复，耐心等待自愈；任何治疗的药物都是控制症状，不能加快自愈；4. 如果皮疹发作同时有痒的症状，影响生活，需要口服药物控制症状。

真正专业的医生信任身体的自愈能力，认为症状必然是伴随着身体自愈过程而存在的。因为专业，所以自信。他不需要为了证明自己的能力或为了安抚家长的焦虑就急于消灭症状。专业的医生能够正视自己的局限，知道作为医生能做什么不能做什么，也知道自己的局限并非是由于自己能力不够。反倒是庸医，看到症状，就想拿出手术刀、就想开出一堆药，急于消灭它，好像不做点什么就显示不出自己的专业水平，好像症状的存在就是在提示自己的无能。很多时候，给予身体的药物有多少根本就是没必要的？这个没有必要的给予又会对身体本身的自愈造成多大的干扰和破坏呢？有多少父母们只是因为不想让自己焦虑、担心被别人指责不作为而去做一些不经思考、对孩子造成伤害的事呢？

为人父母，也应该有专业医生这样的自信和淡定。父母，不是一定要做点什么说点什么才能证明自己是父母，才能证明自己是爱孩子的。孩子成长过程中难免有这样那样的小毛病、小错误，父母不要总想着把这些小毛病小错误改正了、消灭了。只要孩子发展和成长的大方向是好的，生命活力是充足的，应该允许孩子有犯错的空间，要相信孩子随着生理和心智等各方面的成熟会自然纠错。就算自然纠错的预期没有发生，只要孩子整体上的发展是好，生命力是饱满的，有一些无伤大雅的小毛病小错误，又有什么关系呢。

3．自发性

> 如果一个儿童得到表扬和受到惩罚，那就意味着他没有支配自我的能量，是老师凌驾于儿童之上，并引导他成长。表扬和惩罚都来自外界，所以，当这样做的时候，儿童的自发性就消失了。
>
> ——蒙台梭利

一

　　日本著名学前教育专家高杉自子在《幼儿教育的原点》一书中谈到自发、自主行为的重要性。她指出，自发性是极其重要的，"孩子原本是率真的，有着对客观现实的感性、惊奇与发现的能力"①。然而，如果成人的指示、管控、禁令与禁忌过多，幼儿"每天被唐突地集中与解散或者是突然做什么的指示所左右，就会成为教师手中的木偶，失去主体性"②。孩子们"敏感地反映着成人的感受，他们怕弄脏、怕弄湿、怕困难、怕麻烦，全身心地投入、淋漓尽致地玩游戏的场景逐渐减少"，"出现了无活力、无抵抗地度日的倾向"。③

心理学家武志红认为，所谓的自发性其实就是我发自我这个生命体自身的、一个天然的动力。我喜欢什么，我爱什么，我选择什么，我用什么方式，我是什么节奏，我的想法，我的感受……这些带有个人独特的、主观的生命能量，经由一个独特的个体发出，向外寻求与世界上其他存在的能量建立链接、产生振动、引起共鸣，带来波澜壮阔的生命图景和多姿多彩的美好体验。

生命的自发性是弥足珍贵的天赐之物，自然流畅，妙不可言；它独一无二，不可复制。多种多样的生命的自发性，汇聚成缤纷绚丽的生命之河。生命的能量没有一刻是相同的，你、我、他是不一样的，我们的此刻和彼刻也是不一样的。生命的能量充满着新奇、变异、随机和无序，同时又带来惊

① 高杉自子：《幼儿教育的原点》，王小英译，上海：华东师范大学出版社，2014年，第73页。
② 高杉自子：《幼儿教育的原点》，第72页。
③ 高杉自子：《幼儿教育的原点》，第73页。

喜、神秘和创造。

生命在自发释放能量的时候，会有些莽撞、混乱和无序，它没有那么多顾忌，它可能会在无意中冒犯了外在的世界。这带给我们深深的恐惧和焦虑：能量会流向哪里？如何驾驭能量？我们想要按住它，想要生命能量的表达四平八稳、圆润无棱、安静稳妥，顺着我们规定的管道汩汩流出。当我们这样要求和规定的时候，生命的能量就失去了它弥足珍贵的自发性。众多的禁止和规矩形成一个强大的压抑性的"场"，散发出令人胆怯的气息，让生命的自发能量不敢露头，只能跟随外界的指令和程序亦步亦趋。

成人希望生活在安然无恙、井井有条的环境中，不太能够容忍有些偏离和危险的行为。然而，能够容忍孩子们的混乱、奇思妙想等超出成人意料之外的特点和行为，是成人的职责所在，因为这从根本上来说是有利于人类的进化和发展的。《园丁与木匠》的作者高普尼克指出，混乱是孩子生活的主旋律，多样性是人类生存的基础。她认为在孩童时期，探索和混乱之价值在于：可以不断变化、不断演进（即使是随机的演变）的系统，能够更加灵活、更加智慧地适应这个无法预测的、千变万化的世界。具有不同特点的孩子，他们的禀赋、智力水平、性格、能力、强项弱项各不相同，这使得人类能更好地适应千奇百怪、不断更迭、无法预测的自然和文化环境。没有人能预测未来的社会将变成什么样子，也没有人能预测未来的社会更需要什么样的人。但人类多样性的存在，比如既有外向的人也有内向的人，既有敢于冒险的人，也有谨慎的人等，就使得每个人的生存概率都有所提高。①

生命的自发性会带来无尽的新异、活力和更多的可能性。不可言说的本能和无意识就像一个巨大的宝藏，经由不同的人、不同的时刻、不同事件的触发，呈现出超越人们想象力之外的生命能量。

二

然而成人却总是忍不住担心、害怕，忍不住提醒、禁止。

有位男士带着小宝，陪大宝去书店看书。那小宝偶尔"啊"一声，或轻轻喊声哥哥，爸爸立即轻声制止："不许吵到别人""走吧，我们走不走?"在这位男士看来，他作为父亲有责任教育孩子在公共场合不能发出声音，尽管那小宝也做到了轻声细语。其实，小宝的声音真不觉得吵，倒是男人不断制止的声音让人听着感觉是一种扰乱。

在小区的儿童游乐设施处，总会不断地听到来自成人的提醒与禁止，"小心""危险""不可以"……成人对于危险的警惕已经蔓延在日常生活的各个角落，稍有风吹草动就能触发成人的危险提示按钮。

不少婴幼儿托育教育机构，也过于强调秩序和纪律。"只

---

① 艾莉森·高普尼克:《园丁与木匠》，刘家杰，赵昱鲲译，杭州:浙江人民出版社，2019 年，第 25—28 页。

有静下心来，才能听清老师说的每一句话，每一个任务""只有排好队，才不会发生危险""不可以跑动"等等。一项深入幼儿园教育实践场域忠实记录教师言行的研究发现，幼儿园教师每日面对儿童做得最多和最重要的事是"发指令"，从大量指向任务完成的具体指令到"按教师指令行事"的元指令。[①] 纪律和规矩强调过多，缺乏相对自由的心理空间和活动空间，也缺少真正意义上师幼之间的沟通和交流。

成人担心孩子的自发行为会惊扰了世界，殊不知世界是多么欢迎孩子们的活力和能量；成人害怕孩子的一往无前会在世界碰壁，其实我们做到守护就好了。

说到底，成人更加致力于保护的是自己，使自己避免处于"被指责"的境地：担心被指责"疏于管教孩子""没有尽力保护孩子""没有尽到做父母的责任""不是合格的父母""啥也不懂""做得太少"……谁没有一点这样的小心思呢？

当把对微不足道的危险的提示视为教育时，当把将条条框框的信条的灌输视为教育时，生命就以"教育"之名被禁锢了。

真正的教育，是守护每个孩子自发的生命能量。正是因为自发的生命能量带着"初生牛犊不怕虎"的莽撞，才更需要我们去守护。

---

① 赵南：《教师理解儿童的内在阻碍：基于一项田野考察的发现与反思》，《学前教育研究》2020 年第 2 期。

心理学家曾奇峰从深度精神分析的角度指出，很多父母担心孩子出错，这种担心，就是对孩子自信心的打击和对孩子能力的扼杀。

这种担心，带给孩子的感受是：生命的自发能量是不被信任的。孩子的心底会逐渐感到生命的自发能量是坏的，是让人感到恐惧和不安的，是让人感到羞耻的，是会带来麻烦和祸端的。如此，一个孩子就没有精气神了，一株小苗就蔫掉了；如此，教育便失去了它最初的和根本上的动力。

信任孩子，才是对孩子最好的祝福、最好的保护。

得到信任的孩子，有勇气释放自己生命的活力和能量，也有信心掌控自己的能量。对生命活力和能量的充分释放，正是生命真正的意义所在。

4. 爱是一束光

喂养幼儿可以没有爱，但没有爱的喂养和管理无法成功造就一个新的自主的人类儿童。

——温尼科特

一

孩子虽然生而具有天赐禀赋，具有巨大的内在力量，但这种能量于婴儿降临之初，尚处于混沌、疑惑、莽撞的原始状态，需要爱来照亮。

英国精神分析客体关系学派的重要代表人物温尼科特认为，有爱才可能成功造就一个新的自主的人类儿童。在幼儿生命的最初几个月甚至包括母亲怀孕的最后三个月，母亲将自己全身心的爱全部倾注于眼前的小生命，为宝宝提供滋养的环境：哺乳、处理排泄物、陪他（她）睡觉、逗他（她）开心……此时，母亲自身的爱好、生活习惯、利益以及所关注的事物都退隐至幕后而成为无暇顾及的东西，母亲将自己的精神、力量乃至她的生存本身都用来满足幼儿的愿望和需要。温尼科特将母亲这种悬置自我、全身心为幼儿服务的心理状态称为"原初母性专注（primary maternal preoccupation）"。[①]温尼科特认为，母亲敏感地觉察并回应幼儿的需要，为幼儿提供了对其主观性生长具有关键作用的经验，使一个感到生活真实而有意义的独特人类个体得以出现。

在生命最初阶段的母婴互动中，母亲毫无耽搁、一拍不漏地"将世界带给"幼儿。温尼科特认为，母亲敏感而迅速的觉察并满足幼儿的需要和愿望，这给予了幼儿短暂的错觉（moment of illusion），让他（她）自以为是内心的愿望创造了

---

① 斯蒂芬·A.米切尔、马格丽特·J.布莱克：《弗洛伊德及其后继者》，陈祉妍、黄峥、沈东郁译，北京：商务印书馆，2013年，第150页。

事物，让幼儿有了暂时的主观全能（subjective omnipotence）体验，幼儿逐渐感到自己自发浮现的欲望和表达是真实的、重要的、具有深刻意义的。温尼科特指出，够好的母亲满足幼儿的全能感；幼儿弱小的自我逐渐获得了力量，一个真实自我开始具有生命。幼儿逐渐形成"真性自体（tureself）"。反之，迟钝而心不在焉的母亲不能敏锐觉察并及时回应幼儿的愿望，不能充分适应幼儿的需要，幼儿就会围绕外界命令进行反应，逐渐出现一个虚假自体来掩饰真实自体。假性自体就像幼儿在自己的真实自体外包裹了一层厚重的壳，保护自己免受外界的侵害，但却因此无法触及自己的真实感受和需要。

随着时间的推移，小婴儿逐渐长大，全身心照顾婴儿的母亲也渐渐脱离这种"失去自我"、一心围着婴儿转的状态。她开始慢慢回归自身的舒适、兴趣爱好和自身的个性感受，她对于孩子愿望的回应开始变得迟缓。同时，孩子也逐渐有了更多自己的空间，想要更多地自己参与到世界中。母亲慢慢地、逐渐减少"把世界带给"孩子，这给孩子带来了挫折的体验但颇有建设性。幼儿逐渐意识到，自己的想法和愿望并不是世界的中心，欲望的满足不仅需要表达，更需要与他人妥协，因为他人也有自身的欲望和计划。

曾奇峰认为，好的母亲只要六十分就够了。"六十分的妈妈"介于完全糟糕的妈妈和完美的妈妈之间，完全糟糕的妈妈在孩子有迫切需要的时候不能够及时回应，完美的妈妈对孩子有过多的要求和控制。母亲在被幼儿需要的时候及时出现来满足他（她）固然很关键，但同样关键并且更为难得的是母亲在不被需要的时候能够明智地退场。保持适当的母婴间隙（span）使儿童避免被妈妈无微不至的爱所吞噬，有利于其在自主的空间里发挥自身创造性。

正是妈妈们源于本能的、无私而温暖的爱，链接着婴儿，在小小的婴儿尚无生存能力时，妈妈们用夜以继日的辛苦，耐心地读懂婴儿、回应婴儿、满足婴儿，让初来乍到的小小人儿品尝到爱的味道，感受到自己的力量，感受到世界的善意。

二

温尼科特还说，如果我们养孩子的话，需要成为一个不惩罚不报复孩子的人，以滋养出孩子这种感觉：世界准备好接受我的本能喷涌而出。本能喷涌而出，就是孩子的自发性可以自然而然地去表达。

这样一个人的出现，没有评判、没有攻击、没有惩罚、没有报复，让孩子觉得，他是被接纳的，是被爱着的，是被呵护的。电影《哪吒之魔童降世》里，魔丸转世的哪吒释放火焰般的能量，攻击外界，众人惧骇。太乙真人欲斩杀哪吒，以除后患。太乙真人举刀落下之时，殷夫人冲上前去抱住哪吒，脸上挨了一刀。她哭着说，别伤害我的孩子，别伤害我的孩子。一位白胡子老爷爷要李靖杀了哪吒，并举起高高的道德大旗，"李大人，陈塘关世代抵御妖族，关内百姓和妖魔不共戴天，事已至此，还望李大人以大局为重，做军民之表率。"哪吒不甘束手就擒，欲挣脱出妈妈的怀抱，他狠狠咬了妈妈的手臂。但就算太乙真人在一边说"你看，你看"（哪吒是有魔性的呀，哪吒会伤害你的呀），哪吒的妈妈仍然抱持住了他，说"别怕，娘在这儿"。这个时刻，哪吒忽然变得不一样了，他不是那么愤怒，那么激动了，他整个人都柔和了。他望向妈妈，在妈妈的怀里，母子确认了爱的眼神。这世界上，妈妈是接纳他的，就算哪吒攻击了妈妈，妈妈也没有去惩罚他斥责他。在妈妈眼里，哪吒还是刚出生的孩子呢，大人们都要来杀哪吒了，还不允许哪吒反抗一下吗？妈妈依然抱着他，保护他。

哪吒的魔性，其实也是人类生而具有的能量和活力，是生命力的体现。最终哪吒是打开乾坤圈启用了魔性的能量保护了陈塘关。温尼科特说的喷涌而出的本能可以说就是孩子带着魔性的生命能量。孩子成长过程中，在释放生命本能和活力的过程中，他可能是莽撞的，可能不能收放自如，会碰撞到其他人，会触碰到一些既成的规则。所以，在生命之初，生命的能量是带着点魔性的。孩子本身并无恶意，只是他还不能很好地运用他的能量，这时候孩子需要成人的接纳、包容和理解。成人如果严厉地惩罚他，报复他，评判他（比如师傅在哪吒咬了殷夫人后，就说了一句"你看，你看"，这句简单的话却很有打击性，你看，他是魔性的哪吒，他改不了的。当然哪吒师傅还是很好的），那么哪吒魔性的能量就得不到疏导，得不到疏导的能量就会真的变成毁坏的能量。殷夫人紧抱哪吒，因为那是她的孩子，她不允许别人伤害他、诋毁他。《魔童降世》中哪吒的父亲李靖也很有担当。哪吒的父母双亲为哪吒撑起了一片澄明的天空。

电影中的乾坤圈，很像孙悟空的紧箍咒。乾坤圈锁住了哪吒大部分的能量，这就像是社会规则一样，在一定程度上约束了个体的能量和行为。当去掉乾坤圈后，哪吒的能量会大大增强，但同时哪吒会失去意识，能量会失控。成人包括我们的社会很多时候都会担心说，这熊孩子，不管着点，还得了了？但在这部电影中，我们可以看到，在哪吒父母和师傅爱的信任和滋养中，哪吒自己就可以控制能量。最后他解开乾坤圈释放能量去战斗的时候，他说，不能全开，会失去意识。这就是一个孩子的成长。这个过程中，成人是怎样的姿态和角色？不是说，不管着点，不打着点骂着点狠着点，熊孩子们就能量失控了，就会翻天了；而是，当孩子感受到接纳、信任、抱持和无条件爱的时候，孩子自己就能控制自己的能量。他一方面会将自己的能量和活力释放到最大，因为有信任他爱他的父母师长，他敢于释放自己的能量而不担心会受到惩罚和抛弃；另一方面他又会保留清醒的意识控制能量，以免伤害到他人。能量得到接纳、信任和祝福，就生成了生命奔涌的活力，带来无尽的可能和创造；而被评判和诋毁的能量，就被压抑和歪曲了，就像被封了印，不见天日，甚至成为涌动的暗流对个体造成伤害。正是爱的光芒和荣耀给了哪吒选择做自己的勇气。

爱是看见、回应、抱持。看见、回应、抱持什么？其实就是孩子的宝贵愿望和初心，就是孩子向世界发出的触角和声音，就是孩子一份份独立的意志和生命力。愿望、声音、意志有幸被看见、回应、抱持的孩子，他内在的本能和生命力得以被承接、被信任、被祝福，生命的能量汇聚于一体，逐渐形成美国自体心理学创始人科胡特所说的"内聚性自我"（Cohesive Self）。孩子的自我得以确认，获得了可以立足于世的荣耀和光芒，获得了驾驭自身能量的底气和信心。此后今生，不论孩子遭遇到的是胜利的荣光闪耀，还是挫败的黑暗压迫，"在情绪的惊涛骇浪中，总有一个内聚性自我稳稳地在那里"（科胡特语），他既能爆发出本能排山倒海般涌出的豪情，也拥有可以灵活变通和收回的从容。

武志红认为，内聚性自我的形成，需要人获得这么一种感觉：真实地展现意志，并深信，自己的意志基本可以实现。他认为，自己的意志基本可以实现，这是一种抽象意义上的"我已经活下来了"的基本感觉。孩子的这种敢于真实地展现意志并深信意志可以实现的勇敢和自信，正是我们成人孜孜以求要去呵护的，正是教育的应有之义。

当一个人得到这样的信任和自由——你的人生是你的，你有权利决定你怎么想、怎么感觉、怎么做、怎么选择的时候，当他由衷地信任他生命的自发性，他会直面事实，会更加从容、包容、柔韧、灵活和高效，会尽情绽放生命的活力，发挥非凡的自主力量。

5．自由

> 这个世界上，如果我们找一样最有价值的东西，你不管是找真理还是找美，或者是找最高的智慧，这些都不是最高境界，最高境界在所有文化中间都应该只有一样，那就是自由，没有任何其他的东西，在绝对的价值上是超过自由的。
>
> ——曾奇峰

一

英国哲学家伯特兰·罗素在《教育与美好生活》里说的一句话令我印象十分深刻，"絮叨不休、禁止喧闹、行为举止上的动辄得咎，曾使童年变得痛苦不堪"。[1]

---

[1] 伯特兰·罗素：《教育与美好生活》，张鑫毅译，上海：上海人民出版社，2017年，第120页。

动辄得咎，这四个字，大概可以说是每个孩子心中的噩梦了吧！你怎么做都是错：你的姿势和动作，你的说话和音调，你做事的方式和时机……关键是，你根本不知道怎么做才算对。亦舒在《爱情之死》里写道："当一个男人不再爱一个女人，她哭闹是错，静默也是错，活着呼吸是错，死了还是错。"对于一个不爱孩子只爱自己的成年人来说，也是这样。他没有界限、不懂得尊重孩子，他总是不断地纠正你，不断地指导你，一本正经地告诉你"你这样不对""你这样做不标准""这样做没效率""我说的才是对的，才是有效率的，才是正确的，因为我有经验，我是为你好，不想让你犯错吃亏"。

生存于世，一个人所信赖的只能是从自己出发的一切。是自己的感受、自己觉得舒服的方式，甚至是连人自己都意识不到的那种本能和潜意识，让一个人觉得甜觉得苦觉得欢喜觉得忧愁，让一个人以这样而不是那样的独特的方式去说话做事。可是却总有一个来自外界的声音去纠正你、否定你，让你无所适从，让你觉得忽然之间举手投足都成了问题，让你每做一件事情之前都要担心是否会受到评判，这是多么让人抓狂和折磨的事啊！

作为一个人，孩子总会有自己的意志和方式啊！个人意志、意志的表达和实现几乎等同于一个人本身。如果父母或教师意识不到这一点，意识不到自己和孩子是两个不同的人，意识不到孩子声音和意愿的表达正是他在活出自己的生命，如果父母总是自觉不自觉地打压孩子的意志而让自己的意志得逞，那么，孩子的生命力最终会被压制，他生命的动力和能量就慢慢变弱了。成人可曾想到，孩子出现的各种"问题"，很多时候正是我们自己造成的呢？

就算是在两个成年人之间，如果缺乏基本的边界和尊重，一个人的主观感受、做事方式抑或由心而发的兴致，总是被另一个人指示、指导、指点、指责，这都是对生命能量和活力的吞噬，也是对关系的极大破坏。

二

蒙台梭利在《有吸收力的心灵》中指出："我们无论在哪里关注儿童的生活，都会发现他最强大的本能就是摆脱成人的控制，这对所有的物种都是一样的。"[1]

"他想按照自己的方式行动，比如搬东西、穿衣、脱衣、吃饭等事情，他喜欢在没有人干预的情况下自己做。儿童并不是根据我们的建议开始做事，相反，他有如此强烈的愿望和冲动，而我们的建议通常只能对他的行为起到抑制的作用。当我们真这样做的时候，那就不是与儿童抗争，而是与大自然抗争。因为他仅仅是在与自然合作并一步一步服从其规律

---

[1]　玛利亚·蒙台梭利：《有吸收力的心灵》，第 248 页。

的引导，开始于一件事，之后在其他事上，他从自己周围的事物中不断获得更大的独立性，直到他希望也获得思想独立的那一刻为止。然后，他将倾向于靠自己的经验而非别人的经验发展自己的思想，开始探究事物的原因。在儿童时期，人类个体就是这样构建起来的。"①蒙台梭利认为，儿童只有通过自由成长和环境经验，才能够发展。

孩子的灵气、想象力、创造力、自主性的绽放，需要一种安全的、自由的氛围。在这种氛围中，孩子会觉得，我按我的方式去想、去选择、去做事，是被接纳的，不会动不动被评判、被指责。而在一个动辄得咎的氛围中，大脑感受不到安全和自由，孩子就不敢动、不敢想，或者在想和做之前首先会想到，"我这样做，究竟对不对、好不好，大人会不会说什么？"这是对活力的极大束缚。

其实，对不对、好不好，又有什么绝对的标准呢？从终极上来说，没有任何绝对的真理。每个人由于经历、立场、视野不同而形成了自己认为"有效"的经验和信念。但对一个人"有效"的经验和信念，对另一个完全不同的人则不一定同样有效。

生命之美在于差异性和丰富性，而不在于单调和一致。每一个个体都不可替代地展示着生命的现实性和可能性，给

---

① 玛利亚·蒙台梭利：《有吸收力的心灵》，第100—101页。

我们启迪，让我们敬畏。每个人都是宇宙的一员，都有其自身不可取代的存在价值。我们要学会的是：接纳自身的不完美，珍视自身的特殊性，欣赏他人的优点，包容他人的缺点。

三

设想一下，如果你身边有一个人，总是会越界对你做什么事、怎么做进行提醒、担心、指点、指责，你会是什么感受？并且，你的抗议和不照做，会被这个人视为不敬、不尊重，这个人会恼羞成怒。这样的感受实在是太不好了。和这样的人相处久了，哪怕这个人不在你身边，你做什么事时都会下意识地想着"我这样做对不对""他如果在，该怎样评价呢"。因为会预料到可能因为意见不一而产生的矛盾，心都会紧张而剧烈地咚咚直跳。被人越界干涉而不能自由做自己想做的事，总是需要去解释去争取，太令人压抑和窒息。

想到这里，我心里陡然一凛，我在孩子面前有没有不自知地扮演了这样的角色？我是不是也经常管不住自己，也要去对孩子什么时候做什么事、怎么做、吃什么菜穿什么衣等等属于孩子自己的事指手画脚，张口就来大言不惭地进行布置指导？我稍微好一点的是，允许孩子进行反驳，允许孩子不听。但我还是需要反思了。之所以要反思这种不自知，是因为我从来持有一种"正义感"，自认为我可是孩子的亲妈呀，我从来都问心无愧地觉得我是实心实意地对孩子好呀。正是这种觉得自己对孩子实心实意的"问心无愧"，才更可能造成一种无所顾忌的"关心""为你好"，侵犯了孩子的空间而不自知。

生命本身的浩瀚与生动是比有限的语言和认知更为广阔的存在，对于生命，我们并非是"知无不言，言无不尽"的。每一个独特的生命，都需要敬畏。在壮阔的生命面前，要学会闭嘴。

四

德国哲学家尼采认为，个体获得自由的象征就是不再为自己而羞愧。当总是有人否认和指责你："你不该是这样子的""你看看你，怎么这点事都做不好""你怎么会这么想呢"；当总是有人觉得你应该更好、更努力、更优秀……你真的会怀疑自己的存在是不是一个错误，你真的会为自己的存在感到羞愧。

当你不再担心无处不在的评判，不再躲躲藏藏、言不由衷，当你接纳当下的自己，不再为展示真实的自己而害怕，这时，也许才有了自由的阳光沐浴在你身上。

当你有了这份信任，有了这份安全，才会保护那不期而至的激情、喜欢与灵感，想你所想，自由自主。没有理性的束缚，没有功利的计算，没有粗暴的评判，人在自由的时候，才能发出自己的欲望、愿望和想法，以自己的方式去表达自己的喜欢和意志。那些仅仅是因为自己喜欢的、无须解释的、自主自发的表达和方式，正是个体独特灵感和创造力的释放和呈现。

当成人去禁止时，孩子就需要解释和辩解，被迫的解释和辩解抹杀和遏止了一个个欲望一个个喜欢一个个表达。那些解释和分析就像层层叠叠的网络遮蔽了孩子们澎湃而浩瀚的体验，吸附了丰满生动的本能和灵气，变成了孩子们自由表达的重重关卡和束缚，逐渐让孩子成为缺乏情感、缺乏勇气、缺乏自主的机器。

6. 界限

> 当你允许生命中所有的发生，那就是对生命的尊重，那就是真正的慈悲，那就是界限所在。
>
> ——威尔菲德·内勒斯

一

与自由密切相关的一个词是界限。自由不是无边无际的。无界限，不自由。有人认为，界限就是要给孩子立规矩，没有规矩就无法无天。有了规矩，听话了，才给你自由。

界限并不是给孩子立规矩。界限，不必太过于引申，只从字面上就能抵达它的本质。从字面上来看，界限就是边界和局限。边界，就是人与人之间的界线；局限，就是客观的物理现实。

界限就是意识到边界和局限。每个个体之间是有界线的，你有你的感受和想法，我有我的感受和想法，你有你的世界，我有我的世界，在彼此的地盘里，你不干涉我，我不干涉你，在各自的世界里，彼此都是自由的。同时每个人都有肉体之身无法逾越的局限，世界之大也必定有我们心有不及的地方，我们只能看到呈现于我们眼前的客观物理现实。

有了边界和局限意识，人就可以把能量收回到自己身上，不再向外抓取向外管控，就可以集中精神心澄目明地观察、思考呈现于眼前的事实是什么，基于这个事实，我可以做什么。孩子是孩子，我是我，我不能在孩子的世界里指手画脚，立各种规矩。孩子有孩子的人生道路和命运轨迹，我们不能阻止、干涉和剥夺他对于世界的尝试和体验。我们只能基于自身的现实能力，努力做好自己，努力为孩子提供力所能及的资源和平台，放手给孩子去体验。

二

在孩子成长过程中，最紧密接触的成人就是家长、教师。人们常说，"教育就是父母的自我修行"。父母不断学习、反思、改变认知，会让亲子关系更加融洽，会带给孩子更广阔的眼界，会让孩子耳濡目染感受到父母的气场，这些都是有利于孩子成长的因素。

现实是，不是所有的父母都会主动地觉知、反思，主动去学习、改善。要求父母成为一个懂得如何去爱、如何去沟通的人，是需要父母有极大的意愿去反思、有相当的内在容量去领悟、有很大的勇气去改变的，这对于不少父母来说，都是比较困难的。

在这样的背景下，如果只对父母提出一个要求，父母能满足这一个要求，即使他不能成为一个非常好的父母，也至少不会是一个差的父母。那么，这一个要求是什么呢？

这一个要求就是，做一个有界限的父母。

这个要求听起来很简单，却也很难做到。对于父母来说，能够区分自己和孩子是不同的两个人，能够区分什么事是自己的，什么事是孩子的，就是最大的一个困难。父母那些自以为是的爱已经泛滥到淹没了和孩子之间的边界，汹涌的爱的海水让孩子没有喘息的空间和活动的自由了。

当孩子走路歪歪扭扭时，作为成人，你忍不住想过去扶着他走或者直接抱着；当孩子刚学会吃饭还拿不好勺子筷子、不能准确地把嘴对准碗口、把饭撒到身上桌子上或把凳子下弄得脏兮兮的时候，你忍不住夺下他的勺子筷子碗，直接去喂；当孩子上了一天学回到家想先看会儿电视放松一下再写作业时，你谆谆教导他，"养成好习惯，先把作业写好再看电视"；当孩子想要一件很喜欢的玩具时，你语重心长地说，"家里已经有类似的玩具了，还买这个干吗"或者"这个玩具这么幼稚不如买个能开发智力的积木比较好"。

总之，当孩子的想法、需求、意愿、行为举止不是你认为的样子时，你心里就是不舒服，就忍不住去替代、去评判、去纠正。你以为这是教育，这是引导，这是帮助，这是效率，这是优化。其实，这是父母内心脆弱的投射，是父母的容量不足无法淡定；这是反教育，这是在侵犯孩子作为独立个体的界限、剥夺他体验自我体验世界的机会、损害他自我选择自主思考的能力、封堵他表达自我表达需求表达活力的出口、削弱他真正成为一个具有稳定自我的内核。领土和界限被严重侵犯的孩子，变成了人们口中的"乖孩子""会察言观色的、懂事的孩子"，变成了严守规矩、恪守习惯、事事请示、不敢越雷池半步的人，这难道是我们成人想要看到的结果吗？

成人言必称爱。那么，爱的最高境界是什么？曾奇峰老师一语道破："从最高的境界说，爱一个人，就是帮助他成为他自己国土上的国王，让他在一切有关自己的事情上，有绝对的终审权。"[1] 在自己的国土上，一切有关自己的事情，这就是界限；当自己的国王，有绝对的终审权，这就是自由。我们动不动就说的"爱"有多少是真正的爱呢？我们究竟是爱

---

[1] 曾奇峰：《幻想即现实》，北京：北京联合出版公司，2017年，第66页。

孩子还是更爱自己——爱自己那个时时担心忧虑的 "小我"？如果我们够爱孩子，那么，只是严守界限，让经我们而生但却不为我们所有的孩子，有权去体验他自己的人生而不受干涉，有权拥有自己的想法和感觉而不受评判，有权表达自己的需求和欲望而不受打击，有权去尝试犯错而不受呵斥，我们能做到心静如水而不会焦虑不安担心恐惧吗？如果我们自己容量不大、人格不稳，那么，孩子所有与我们想象中的不一样都会给我们带来心理上的冲击。

某种意义上，孩子自由的限度有赖于成人的容量。成人的容量大，孩子的空间就大；成人的容量小，孩子的空间就小。成人的容量大小很大程度上受到成人的人格、观念、视野、心境、资源等因素的影响。那些人格发展良好、观念多元化、视野开阔、心境淡然、资源丰富的成人，能给孩子提供更为宽松自由的环境。

三

我们幻想能够控制生命的轨迹，幻想一切如自己所愿，幻想能够决定什么可以发生什么不可以发生。我们任由自恋无边无际蔓延，任由控制的触角伸到每一个角落，最终织成一张密不透风的网，将我们裹得无法动弹。

守住边界，基于事实和限度，做当下能够做的，就是界限。当我们安守于界限之内，就获得了宁静愉悦，就从控制的痛苦、纠结、自责中解放出来。我们会有更多能量去扩展新世界，而命运也会赐予我们更多的惊喜。

《觉醒之后》的作者阿迪亚香提认为，自由"是认识到万事万物以及每一个人只能是他们当下的样子。每个人都能自由地以他们当下的样子存在"。她说："我们每个人只能是当下的样子，只有当你允许每一个人成为他们当下的样子时，只有当你给予他们这份自由、他们本来就拥有的自由时，你才能在自己心中找到诚实无欺的力量。""在你给予整个世界自由之前，你永远不会获得自己的自由。"①

当我们纠缠于"他为什么要这样""明显的道理，他为什么不懂？这么有利的事情，他为什么不做？这么简单的事情，他为什么就做不好""都是因为你没做好，事情才发展成这个样子""如果当时做得更多更好一些，结果肯定会更好"时，当他人不如我们所想所愿我们感到痛苦愤怒时，我们是在做什么？我们是在试图控制自己不该控制也控制不了的事情，我们是在干涉别人的自由，同时也丧失了当下自己可以努力的自由。允许，自由，才能带来心灵的放松与解放，才能用心去感受属于自己的方向，才能把试图改造别人的妄想转化为当下自己能做什么的努力。

---

① 阿迪亚香提：《觉醒之后》，屠永江译，北京：华夏出版社，2015年，第60—61页。

四

很多时候，当我们做了很多努力，事情却依然不如我们所愿，努力并没有得到应该有的效果。比如，有时成人尽己所能去倾听、去试图弄懂孩子的内心感受和需求，尝试去回应与满足孩子，却毫无效果。孩子并没有因为成人的努力而停止哭泣，给予我们一个期待的结果。那么，就承认我们无能为力吧，就允许孩子随心所欲吧，只要我们不走开，只要保证孩子还处于身体和心理安全的范围内就好了。毕竟，有很多事不是我们全都能搞得懂的，有很多事不是我们都能够精准掌控的，有很多事不是只要我们努力了就一定会有看得见的效果，有很多事不是我们做了 A，孩子一定能到达 B。

很多时候，我弄不懂孩子的心思和想法。有一次文文在午睡，中途听到她哼唧，我在忙，没有及时过去。后来过去时，她就哭，问她，哄她，抱她，帮她扇扇子，都没有用，就连承诺去给她买她想吃的棒棒糖冰淇淋都不行。强行抱起来，还是哭，哭了有半个小时，简直太崩溃了。说抱她去外面，也不肯，后来强行抱起来去外面，出了门，好了。她问我，那是什么小鸟在叫，叽叽喳喳？

我问她，宝宝为什么哭啊？她说，她不知道。

嗯，她不知道，我弄不清楚，始终得不到触发她激烈大哭的原因。这个时候最重要的也许是允许吧，允许她哭，允许自己不知道她为什么哭，允许自己无能为力。但并不是放弃，还是站在边上，还是觉得心疼，还是想着去做一些可能会让她舒服的事。

就像我说："宝宝，你有时候很可爱，有时候哭得要把我气死。"她说："我觉得，哭有什么关系。"

她哭得我很崩溃的时候会想，苍天啊大地啊宝宝太折磨人了，会凶她，打几下屁股；她可爱的时候我又想，小宝宝这么小，父母还是该有点耐心的。不过再转念一想，她有可爱也有不可爱的时候，父母就不能有温柔也有脾气不好的时候吗？真是纠结的父母。

只要大方向是对的，父母们也不必对自己过于严苛，大可不必苛刻自己"该怎样做才最好"、责怪自己"原本可以做得更好""怎么不够有耐心了呢"。毕竟，不管是成人还是孩子，都不是设定的程序，而是真实的人。毕竟，我们不能控制所有事情的发生，不能决定另一个人的反应，不能左右另一个人的命运。

孩子的情绪也并非处于一种固定不变的状态，此时她可能哭得作天作地，没有缘由，彼时或许嫣然一笑，风和日丽。不过说是没有缘由，也只是我们成人一时看不懂而已。于她而言，她也许是在倾泻着内心那种波涛汹涌但着实无法用语言表达的一些感受。任何语言在这种感受面前都是苍白的，只有大哭一场，才能将心中那说得出说不出的东西都释放出来，哭出来就好了。

成人不也是如此吗？谁会一直喜笑颜开、精神饱满呢？成人也有太多时候会觉得"哎，这样的生活实在是太难了！""什么时候是个头啊？""慢慢熬吧！"但也在许多时刻会觉得天是真的蓝，风是真的温柔，孩子是真的萌萌的可爱，穿上新买的衣服，化个精致的妆容，美好的生活还是值得去拥抱的。不论成人还是孩子，都有不同的、多样的状态，诚如春夏秋冬，诚如阴晴圆缺。

当成人能恪守边界，直面自己的局限，不认为自己能控制到所有的事态，那么不管对成人还是对孩子都是一种放松和解放。什么状态都是可以存在的，什么状态都是可以过去的，都是可以变化、发展和前进的。如果自恋地无限扩大自己的责任，一旦事态不如自己所愿，便会升起自恋失控的暴怒，就要去责怪自己责怪别人，纠缠于对错是非，反而失去了直面事实解决问题的时机。

7. 自信

自信就是信任并享受生命的自发性。

一

个体天生会被世界吸引、想要进入世界，想要和事物尤其是美好事物进行链接，去体验、参与和创造。他会有自己的喜欢和不喜欢，有自己的想干什么和不想干什么，有自己的方式和节奏，有疑问有探索有想法，有欲望有满足有喜悦。

　　成人有责任让孩子处于一个相对自由的氛围和环境中，"法无禁止即自由"也适用于孩子。除了确实会造成人身危险和伤害的情形，孩子的事应该基本上交由孩子自己做主。他爱吃什么、能吃多少，什么时候吃；他想做什么，以什么方式做；等等，都应该尽量由孩子自己做主。成人会很担心，就这样由着孩子、放任孩子不管吗？不是的。不是绝对禁止，也并非放任不管。那到底该怎样做？其实，这里说的是"相对自由""尽量由孩子做主"，具体怎么做并不重要。重要的是，父母有这么一个态度和理念，孩子就能感受到：他所处的氛围和环境是相对自由的还是处处受限的？父母对他是基本允许的还是基本禁止的？

　　如果孩子感受到自己处于一个基本允许和相对自由的环境中，就敢于释放生命的一个个动力，表达心中的一个个愿望，发出属于自己的一个个声音，踏出独特的节奏和韵律。他知道，生命的自发性，自己的内在动力、内心的需求和愿望、独特的想法和声音，即使它们并不完美，即使还有瑕疵，即使看起来有些幼稚、冲动和不切实际，但在基本上，它们都是好的，是可以融入世界的；也因此，自发性以及自发性带来的和谐、力量、美好和创造，以及同时带来的一些不完美、瑕疵、幼稚和冲动，是被父母和世界所容纳的，是被看见和允许的，是被鼓励和支持的，是受到祝福和保护的。孩子信任和享受自发性，感知到父母和世界对其自发性的基本允许和容纳，是孩子自信的最初和最根本的源头。这种感知由一开始父母营造的小环境，逐步延伸到更大的世界，也可以说，父母就是孩子感知和认识世界的窗口。

当父母禁止孩子行为，"不可以这样的""那样不行"；评判孩子行为，"这样不对""那样更好"；迫使孩子做他不愿做的事，"多吃菜""这个鸡蛋必须吃了"；否认、歪曲、评判孩子感受，"这菜哪里咸了，一点都不咸"，"一点小伤口，有那么疼吗？"；担心、焦虑孩子，"行不行啊？""妈妈很担心啊"；等等，都是在不断地让孩子对自己的自发性产生怀疑和不信任："我觉得菜有点咸，我觉得心里难过，我现在不想吃鸡蛋，我不想喊这个人叔叔，不想让他摸我……这些难道都是错的吗？"成人说小孩头脑里的想法太单纯不切实际，一点小事犯得着难过吗？不吃鸡蛋没有营养会变笨，这么大了不喊叔叔不礼貌……成人说这样都是为了孩子好，为了孩子更能权衡利弊、心理更加坚强、身体更加强壮、更加适应社会讨人喜欢，却不会想到自己这样做是在逐步麻痹孩子与生俱来的天赋感受，慢慢地让孩子对自己身体和感受的本能和自发性产生怀疑。日积月累，日复一日，孩子大概率会部分地或彻底地放弃了对自身天赋感受、天赋本能、天赋自发性的信任，失去了和自己身体与灵魂的链接。这样的孩子不是作为万物之灵，不是作为生动的、有本能、有灵魂的生命力而存在，而是依赖于一些所谓正确的、刻板的、实用的道理和准则而生活，为自己的行为权衡利弊，寻找理论支撑，运用诸如"该不该""好不好""对不对"的分析作为行为指导，成为外挂于外界、他人、道理、规范程序的附属物。心理学者武志红认为，"人活在这个世界上，需要一种基本感觉：我可以带着主体感，也就是'我是我生命的主人'，走入外部世界"。没有主体性、不能成为自己生命主人的个体，是不会有自信的。

生命是自由的、浪漫的、诗意的、愉悦的、美好的，有激情与惊喜，有恬淡与安然，有丰富生动的情感体验，有跌宕多样的人生历程，有自然展开的生命韵律……每个生命在降临之初，都应该是受到祝福的。我们祝福每一个个体都拥有和享受自己独一无二的生命。当孩子能够体验到生命的自主、美好、愉悦和甘甜，并且意识到这所有的美好都是经由自己而来，是自己作为生命的主人，发挥着天赋本能而闪耀着生命的光芒，他当然会自信。

孩子的自信，首先是有赖于父母的，有赖于一个自身不焦虑、眼睛能看向广阔宇宙、信赖宇宙万物可以自发生长、能够容纳孩子过错、相信来日方长的父母。在这样一种能量与气场中，孩子也是淡定的，不急不躁的，从容而充分地发展自己的感知和本能以及与世界的链接和融合。

当父母由衷地相信，孩子就是天使，给世界带来美好崭新的讯息；当父母真诚地认为，孩子是独立的一个人，他的声音、诉求和愿望是独特的，值得被听到；当父母愿意认真去倾听孩子发出了什么声音、表达了什么含义，愿意郑重地去回应、满足时，父母的这些态度，孩子都能感受到。孩子感受到了父母的爱，感受到了作为一个人的尊严、生而为人的值得和荣耀。从这个意义上说，父母的格局、父母是什么样的人，本身就带给孩子关于宇宙关于世界最初的感知，这远比一些单纯的、具体的育儿技巧和训练更重要。这样的父母，让孩子在生命的最初，感受到了宇宙星辰的广阔浩瀚、世界万物的自在运转和作为一个独特个体生存于世的豪情与光辉。

二

自信的孩子会觉得自己是好的，生命的自发性是好的，是值得信任的。自信就是一个人能够信任并享受生命的自发性。

在家庭中，在人际交往中，当孩子受了委屈，遭受了不公正待遇，有些家长的思维是这样的：社会是要适应的，总归是你哪里不好吧？你要改正自己，你改好了，适应社会了，一切不就好了？或者，当孩子取得了一些成绩，家长依旧一张严肃脸，"还可以更努力，更好些""怎么没考满分？"

这种思维带给人的感觉是非常非常黑色、压抑和窒息的，就是，你永远永远不够好。不管怎样，你就是不够好。

这样的思维是在试图无限地扩大个人的主观能动性而无视环境的影响。这是一种"非人化"的视角。在这样的视角下，人是抽象的、完美的、全能的；在这样的视角下，人是被物化的：成人没有兴趣了解你、关注你，你也不值得被了解被关注；在这样的视角下，人存在的意义就像是工具一样，需要完美而精准地匹配外界的程序、指令和要求。"你要达到这个""你要成为那个"……你达不到就是你不好。但实际上，人是生动的、具体的、有局限的，人受到生理的、社会的、文化的各种制约。个人当下的选择、当下的存在，受到大大小小众多系统和环境的影响。人需要被关注被理解而不是成为满足他人自恋的工具和手段。

心理学上的归因偏见指出，我们通常会把他人的行为归因成内在的、稳定的品质，而在解释自己行为时却能考虑到具体的情景与环境的局限。这启示我们，看见一个人、理解一个人，需要转换视角、变换位置，全面而深入地了解一个人，他的生活他的生命的种种，而不是以上帝视角进行评判、指点和要求。不考虑个人所处的环境和局限，认为人可以无限地达到外界的标准，这并非是对人的激励，相反却是对自信心的打击。一个人只能基于当下的存在而向前迈进，如果他当下的存在未被看到和肯定，改变对于他来说就是一种威胁。

三

　　假如，作为父母，你面前有两张牌子，上面分别写着"你不够好"与"你很好"。要选择一个和你的孩子说，你会选哪一个？

　　你也许会选"你不够好"。原因可能是，你对孩子有更多的期待，孩子也的确还有很多值得改进值得提高的地方。如果告诉他，"你很好"，你可能担心小小的孩子会骄傲了，会真的以为自己很好，会因此不思进取了。

　　对于孩子来说，他听到"你不够好"和"你很好"会是什么感受？

　　听到"你不够好"，孩子也许会受到刺激去努力。但是，关键的问题是，父母绝不会只说几次"你不够好"。当"你不够好"成为思维习惯，成为刺激孩子行为的工具时，"好"就是一个不断提升的、永无止境的、永远达不到的标准。当孩子听到太多次"你还要努力""你还有进步的空间""等你做到了……，你就能得到……"这样所谓的激励，他可能会逐渐变得愤怒、麻木、绝望了。这好像是一个诱导的、欺骗的游戏。很少得到认可和痛快满足的孩子，心总是空的。

　　当孩子听到"你很好"时，他的心是喜悦的、充满自豪的。他当下的努力和成绩是被看到、被鼓励和被肯定的。他珍视他的好，他就会去做上进的事，他就会去做好的事。

说孩子不够好的人，或者总是说孩子不够好，说孩子再努力再达到什么条件就可以满足他的人，本质上就是不够爱孩子。

曾在课堂上布置过一个小作业，请同学们为自己打分，满分十分。从同学们打分看，整体上对自己都还比较满意的。我看到同学们说到自己的优点，都是很难得的品质。但同学们也都预留了很大的进步空间，普遍打分并不高，6分、7分居多。这也许是因为年轻，对自己也有更多的要求。不过，完美可能是一个永远也达不到的地方。对一个要求你完美的人要敬而远之。比起完美，成为一个有自己特点的人，能把自己其中一两个方面的优势和禀赋发挥出来更加重要。因此，我问大学生们，同学们敢不敢给自己打9分、10分？之所以打9分、10分，理由是，虽然我有很多缺点，但我在某方面很出众；虽然我并不完美，但我对自己是满意的。

其实，当我们说到优缺点时，是相对的，是在某种具体的社会环境、具体的话语体系下的。我们有必要反思，在什么情况下我们认为某种品质是优点而某种品质是缺点，何以是优点缺点？社会、未来是变化的、不确定的，随着社会与时代的发展与进步，很多我们之前认为是缺点的性格也许可以得到重新看待。每个人都需要认识到："自己是独一无二的，不需要太完美，不需要达到很多条件自己才是好的、才是值得的。生而为人，原本就是神的赐予，存在本身就是好的。"

当孩子感知到自己是好的，他才敢于信任、敢于释放他的自发性，他才会是自信的。

8．不设限的生命

"你想要生活的那一刻，就点燃了生命的火花。"

——电影《心灵奇旅》

20世纪最卓越、最有影响的心理学家之一卡尔·罗杰斯认为，在人们所有的困惑和问题背后，都存在着一个共同的核心的追问，即每个人似乎都在心底深处反复自问，"我到底是谁？我怎样才能接触到隐藏在所有表面行为底下的真正的我？我如何才能成为我自己？"[①]

美国学者布琳·布朗在 TED 演讲《解读羞耻》中也说到，最深的羞耻是关于"自我的"，一个人认为他不该是现在的样子而应该是别的样子。"羞耻"的播放机始终循环着这样两句话："你永远不够好""你以为你是谁"。羞耻的核心是觉得自己的存在是个错误："我怎么这么傻？我怎么总是不如别人，我什么事都搞不好……"布琳说，那些指指点点嘲笑我们的人 99% 是谁呢？是我们自己。

---

① 罗杰斯：《成为一个人意味着什么？》，林芳主编：《人的潜能和价值》，北京：华夏出版社，1987 年，第 299 页。

对自我的确认和追问成了人之为人的根本起点。"我何以为我""我如何度过有意义的生命",这些看似虚幻的哲学问题却实实在在地影响着几乎每一个人的心理和生活。电影《心灵奇旅》试图对此问题进行探讨和回应。

一

《心灵奇旅》的主人公乔伊是一位梦想成为爵士钢琴家的中学教师。他并不满足于一直做着看似铁饭碗的中学教师职位。他有激情,有梦想,他想做音乐、玩爵士。就在他快要梦想成真时,却不慎失足跌入井盖。灵魂坠落至深渊,并即将坠向生之彼岸(死亡)。乔伊拼命逃离,来到了生之来处,在那里他遇到了二十二号灵魂。

二十二号灵魂在生之来处(心灵学院)已经待了几千年,却始终拒绝开启去地球的生活。二十二,这个看似冥顽不灵又叛逆的小东西,其实非常脆弱和敏感。它思考得很多,"既然人们最后都要回到生之彼岸(死亡),那去地球活着一趟究竟有什么意义?人们常说'天生我材必有用',可是人又怎么知道自己是不是那块材料呢?"它担心自己不够好,不配活着。其实,它是太想好好活着,它不想辜负去地球的那一趟旅行,它还没准备好。如果没准备好,它宁可不开始。它始终不能确定:我可以吗?我够好、够配得上地球上的身体、配得上在地球上开启一个新的生命吗?我在地球上的一生该如何度过呢？然而，只是停留在头脑层面的运作和思考，就算把这样的问题思考了几千年，就算有无数顶级的灵魂导师启发它，二十二还是没有勇气开启地球上真正的生活。

人们以为对这些疑问的解答就是找到人生的目标和方向、找到生命的火花。就像电影中主人公乔伊说，地铁上又臭又热又吵，人们的生活日复一日，年复一年……但过了今晚，一场完美的演出之后，我就不一样了，我全新的人生就会开启。就像许多迷失的灵魂陷入了执念"要快乐，要达到某个目标，要成为什么，要到达大海……"。似乎这样，人生才有意义，个人才有价值，生活中那些平凡的、重复的、无聊的、无力的、艰难的时刻才能变得不那么灰暗。如若不然，人们便会羞耻、便会自我攻击。二十二在被迫回到心灵学院后，不断地自责和攻击自己：我什么也不是，我没有目标，没有方向，没有火花，我不配活着。

人们为原本无限可能的生命设定目标、寻找意义，从某种程度上讲，其实是在逃避生命本身，逃避具体的、生动的、当下的生活，让目标、意义成为生活中无聊、无力、苦难时刻的慰藉。所谓的人生目标和生命意义遮蔽了人们对于生活真实的体验，它虽然可能让人们在痛的时候没有那么痛，却也可能让人们在欢乐的时候不能够单纯的欢乐，而是让痛苦和欢乐为着目标和意义服务，生命成了头脑游戏的奴隶。生命和生活本身并无所谓这样那样的意义，你感受到什么它就是什么，你感受到爱就是爱，你感受到不爱就是不爱，目标和意义反而有可能扭曲了人们对于生命和生活的真实感知。诚如乔伊，他在如愿完成一场心心念念的、完美的音乐演出之后，却并没有想象中的欣喜若狂，并没有感觉生活与以前有什么不同，人生并没有立刻闪亮起来。生命和生活原本是无常的，你激情满溢的时候就是激情满溢，激情释放了就会觉得平淡如初。正是这样的无常让人生充满了不确定、可能性、惊喜与有趣。如果非要给无常命名、定性，其实是对能量的阻滞、对天性的束缚。一切会来，也会走，还会来，还会走……都会变化。目标和意义只不过是头脑的游戏，并不会改变生命和生活的本质。原来用以抵御不安和恐惧的人生目标和意义，事实上却令人徒增烦恼和痛苦。

二

二十二是在开启地球生活之后、在灵魂和身体合二为一之后找到火花，而不是事先规定好了火花才投身生命。二十二在心灵学院思考了几千年都没有勇气投身生命，但它仅仅在地球上生活了一天就享受到了生命的美妙，就体验到了生命的火花在胸口噼里啪啦跳动的喜悦。它吃香喷喷的披萨，感受风吹的欢愉，驻足听地铁歌手歌唱，和一片温暖阳光下的落叶相遇……

是的，就像二十二在心灵学院里说的那样，"灵魂是压不死的，只有生活会压垮你"。在心灵学院，小灵魂们似乎怎么着都可以，没有真实的体验也没有任何风险。头脑和心灵无疑是强大的，头脑和心灵可以进行逻辑推理，可以天马行空地进行想象，可以为所欲为。灵魂可以是不死的，可以一直待在生之来处几千年。但仅仅是头脑和灵魂的运作，是压抑的、不生动的，也是胆怯和恐惧的。就像二十二，其实一直在担忧害怕，它一直想要找到最好的生命指导和理论指南，唯恐辜负了宝贵的生命。

地球上真正的生活是日复一日的，是要身体力行的。路，需要一步一步走，事，需要一步一步做。生活可能很快失去新鲜和有趣，无聊、重复，总有不如意总有无力崩溃的时刻：裤子会开叉，头发会不小心剪坏，热情会遭到拒绝，梦想可能一直不会实现，也许好事没有盼来，却得到生活啪啪打脸……有多少人在生活日复一日的无情而漠然的历练中心灰意冷、举手投降、放弃生命？当然，更多的人是坚韧的，总是能在痛苦与快乐、恶与善、寒冷与温暖的反复中保留心中向生的火苗。一时的挫败并不代表整个人生整个生命的挫败，人可以在足够充分的时间和空间里去发挥自身的潜能，去享受自己的生命。生命也并没有统一的形态，不存在一个固定的、绝对的、权威的、正确的生命标准。每一个人的生命都是对的、值得的，都可以自在自主地展开生命、享受生命。

虽然，真实的生活是艰难的、不容易的。然而，真实的生活也有上天的馈赠，真实的生活有食物的美味，风吹的喜悦，可以看着天空发呆，可以只是走路就觉得快乐……乔伊为了梦想而努力争取、奋斗，但在梦想实现后却难以面对生活归于平淡。但乔伊在回想和二十二共同生活的那一天时，却觉得这一天似乎与别的那些日子有所不同：那些棒棒糖的甜、那些不经意的风、那些地铁过道里流浪歌手的歌声、那些在温暖阳光下飘落的叶子……这么平淡，却又这么真实美好！乔伊忽然对人生、对活着有了新的感悟。他进入忘我之境，重新见到了二十二，告诉它，"火花并不是找到人生目标，你想要生活的那一刻，就点燃了生命的火花"。

三

当二十二开启地球生活后，终于感觉到有感觉，终于快乐地说出，"我的火花大概是对着天空发呆吧，或者走路，我觉得我现在很擅长走路……"乔伊一盆冷水泼过来了，"那并不是人生目标，那只是平庸的日常！"二十二以为自己找到了火花，却被乔伊否定和打击，"那并不是你的，你只是活在我的身体里，你找到的是我的火花！"在这样的否定和打击下，二十二不知所措了，它好不容易获得的对活着的感觉和信心全没了，二十二陷入了对自己疯狂的攻击："我没用，我是个废物，我没有能力适应这个世界，这个世界需要优秀的人，我不够好，我不配活着。"

电影《心灵奇旅》中，那些在生之来处的灵魂要想投身于地球的生活，首先需要获得一张地球通行证，获得地球通行证的关键是要找到火花。那么，二十二是怎样找到它以为的生命火花的？真正的火花是什么？二十二受到的最致命的打击是什么？

二十二找到火花是凭借它的感官、它的感觉、它自己的身体，凭借生命本身。这些是天赋本能，只要生命开启，这些本能就会表达和释放。二十二找到火花是凭借它的自我，它和康妮交流，真诚自然；它和理发师聊天，聊得很开心。乔伊问它，你是什么时候学的？它回答说，我没有学，我只是表达了自我。二十二找到火花是凭借了它的身体、它的自我、它的自发性，这是每一个人类的天赋本能，并不需要额外获得通行证。当它开始释放、信任、享受它的自发性，它就开始有感觉，它感受到生活和生命的喜悦，它开始喜欢生活，想要投入生活，如此幸福的感觉！它以为这就是生命的火花，它说这就是火花！哪怕它所说的火花只是对着天空发呆，只是走路……如果我们也去尊重、欣赏、信任二十二生命独特的、自发的表达，能把眼光放得更远一些，把二十二此刻的表达视为生命的一个流经，视为此刻此阶段的一个表达，我们将会欣喜于一直对地球生活很抵触的二十二终于开始"想要"生活了，开始喜欢甚至享受生命了，那么，二十二生命的火花必将会不断绽放、璀璨于整个的天空和宇宙，而不仅仅只是限于目前的对着天空发呆或者走路，这些只是一个阶段的表达而已。很可惜，这种"想要"生活、那种感觉自己找到火花的欣喜和幸福很快遭遇了评判、否定和打击。这多像一个在成长中的孩子，他刚刚开始用自己的感官、自己的感觉、自己的身体、自己的心灵体验到生命的甜美滋味，试探地表达出了自己感受到的这份美好和快乐的时候，却被迎头泼了一盆冷水："这很肤浅，这不算什么，没什么值得骄傲的，别整天搞这些没用的，要有更高的追求、更远大的理想，要做更重要的事"。孩子迷惑了："我的体验和感受都错了吗？这份快乐和美好是不对的吗？这些体验和感受、这份快乐和美好，对于我来说，是绝对真实绝对存在的。可是，如果这些是不对的，那什么才是对的？我只有我现在的身体、现在的心灵、现在的感受、现在的体验，如果它们是不对的不好的不值得的，那也许我是不该存在的，也许应该有另一个对的、好的、值得的身体和心灵。"

真正的火花是生命开始伸展触角，内在的自我开始表达，生命开始本能地"想要"与世界链接，开始享受这种天然的本能带来的愉悦和惊喜。生命不断展开，走向更广阔的世界。而我们对于生命的执念和评判：要找到人生目标、要快乐、要成功、活着要有意义等等，会吸附生命自发的能量，阻断生命原本自然流畅又无常的进程。能量被吸附被阻断带来怀疑、痛苦和攻击。生命原本是无常的：比如康妮想退出乐团、又不想退了；比如理发师原本想做兽医，但因为现实的无奈只好做了理发师，但做了理发师他也觉得开心。二十二感受到的最致命的打击是对生命的否定、评判和执念。没有什么绝对正确和权威的理论可以指导一个生命，生命的自发本能如果受到过多的指导、指点和指挥，这个生命就宕机了。它会怀疑：我有没有存在的必要？如果我的自发性是错的，那我是不该存在于世的。但实际上，自发性是无所谓好坏的。生命的本质就在于其自发性，在于自发性的随机和无序，在于不确定以及不确定带来的可能性和多样化。也许，能让生之来处那些像二十二一样的小精灵们勇敢飞向地球投身生活的最大底气，就是对生命的不设限、就是可以活出自由的生命、就是爱和陪伴吧！

"所以，你会怎样做呢，你将如何度过你的人生？"

"我也不确定。可是，我知道，我会享受，活在当下的每一分钟。"

生命本身不需要预先规定。自我蕴含在生命之中，无须确认是否对与值得。个体的使命就是释放与生俱来的本能、表达独一无二的自我，勇于去信任、勇于去投入和享受生命。

9. 所谓世人，不就是个人吗?

> "对人类，我始终心怀恐惧，胆战心惊，而对于自己
> 身为人类一员而言，我更是毫无自信。我总是将自己的烦
> 恼埋藏心中，一味掩饰我的忧郁和敏感，伪装成一副天真
> 无邪的乐天模样，逐渐将自己塑造成一个搞笑的怪人。"
>
> ——太宰治《人间失格》

日本小说家太宰治在创作的中篇小说《人间失格》中说：
生而为人，对不起。

真的是太伤感了。

身为人类，当我们为自身的存在感到骄傲而不是羞愧，
当我们发出声音被听到被回应而不是被漠视斥责，当我们能
有自己的意志对自己的事情做出选择而不被越界打压，我们
可以说，生而为人，我们值得。我们生而为人的生命、尊严
和灵魂得到尊重和呵护，心中的爱也满溢而出，我们也会去
尊重、呵护其他和我们同样值得的生命，为他们欢喜，为他
们悲伤。

这种生而为人的美好，应该是上帝造人的初衷吧！上帝
一定希望人们用慧眼、用心，越过金钱、权力、分数等等外
在的遮蔽，去真正看见一个人，看见他原本的模样，看见他

内在的需求和声音，看见他对爱的呼唤，去彼此回应，彼此温暖。

若心里没有住过一个爱的人（具体的人），世界与世人便是幻影般的恐惧。小说主人公叶藏一直在寻找和确认：世人是什么样的？是人的复数吗？人类的本质是什么？世间生活的指导原则是什么？罪的反义是什么？我是否是异类？因为要确认，想要获得一个明确的答案便不能灵活地容纳和整合人性的多样，很容易就会以为看穿了别人、动辄就失去信赖，也不能够原谅自己，会觉得自己是错、是耻、是罪、是恶……

小说的最后一句话是酒店老板娘说的，"……就算喝了酒，他也是个像神一样的好孩子"。也许只有被好好爱过，小叶才会明白，人们存活于世是不需要资也不需要格的，资格是人为的概念，神的孩子就是神的孩子。没有所谓的世人的模样，也没有所谓的指导原则，每个人自己就是世人，就是自己的指导原则，按自己的意思而活就是圣训，无所谓罪、恶、错、耻……

世人为何？是叶藏心中的疑问，也是很多人会思考的问题。一个人自己的感受未被尊重和看见，他的头脑中就会设想世人的看法和眼光，他会遵从臆想的大多数人的指导方针行事。因为是臆想的大多数人的方式，所以缺乏独特个体鲜活的体恤和感受，而只是会在头脑中被归类、被划分为对的或错的。大多数人认同的即为对的和好的，否则即为错的和不好的，然后又以此套用至他人。叶藏一边讨好世人，一边有意挑战，尝试着去探索，意欲揭开世人的面目，确认个体的存在和边界。的确，有人看见了叶藏的面具和花招，也有人配合过他的放纵，遗憾的是，没人去抱持他面具和掩饰背后的脆弱和恐惧，也没人去应对他的探索和挑衅。叶藏心中的那个世人为何的疑问也不是没有过答案：所谓世人，不就是个人吗？"自从开始认为'世人就是个人'之后，比起过去，我已稍微能够按照自己的意思行事。……我变得有些任性，不再那么战战兢兢。"但可惜，叶藏遇到的、作为世人的"你"却是一个人渣，一个狡猾的人。叶藏的心中就没住过一个爱着的人、一个给叶藏以确认、抱持并能接受挑战的人。

因为无爱，所以有格。而人间失格，是多么悲哀的一件事。是那些无爱之人，制定了人间的格。叶藏自认失掉的"资格"其实是不存在的啊，如果说有，那最大的格也许是：一个人可以如其所是地存在于世，可以自由地感受和表达喜怒哀乐。但对于叶藏而言，搞笑"那是我对人类最后的求爱。尽管我对人类极度恐惧，但始终还是无法对人类死心断念。于是我借着搞笑这条细线，与人类系在一起"。如果曾有一个人，能看见叶藏的感受，分享他的快乐和骄傲，也抱持他的脆弱和恐惧，给予他的存在以确认和自信，那么叶藏将会知道，世人不就是"我"吗？有一样的快乐喜悦，有一样的忧伤恐惧，可是我们能相互陪伴，相互取暖。

美国著名催眠治疗师斯蒂芬·吉利根认为，保护自己最好的方式，就是向这个世界打开自己。而打开自己，是要以爱为底气的。没有爱，人只能在层层叠叠的格中寻求庇护，只能沿着臆想中世人的指导原则和训诫生活，而世人交叠为幻影，我们永远无法寻找到确定的指针，最终迷失在幻影交叠的格中。

那么，人间失格，并不是丧失为人的资格，而是迷失在人为制造的、虚幻的"格"中。

第二章　与世界链接

孩子对世界有天然的好奇和热情，他们靠近世界，亲近世界，探索世界，融入世界，享受世界，创造世界。

1. 世界是什么样的？

> 人执持双重的态度，因之世界于他呈现为双重世界。
>
> ——马丁·布伯

一

德国哲学大师马丁·布伯在其著作《我与你》中指出，人置身于二重世界之中："它"之世界与"你"之世界。

在"它"之世界，人把他周围的一切——生灵万物——视为相对立的客体，视为可资利用的对象和工具，捕获占有之，分析解剖之，"他将其对象化、有序化，或俯首以放大镜细察明观，或仰首用望远镜远眺遥视。他冷静分析事件，对其唯一性无所感触；他漠然综合事物，毫无万有一体之情怀"①。在"它"之世界，人所知者乃"沸腾的外部世界以及他力图利用它的疯狂欲念"②。"这是秩序井然之世界，这是离异分化之世界。它妥实可靠，密结稳固，延续连绵，它向人敞开户牖，任人反复攫取其内容。"③

---

① 马丁·布伯：《我与你》，陈维纲译，北京：商务印书馆，2015年，第30页。
② 马丁·布伯：《我与你》，第56页。
③ 马丁·布伯：《我与你》，第32页。

在"你"之世界，人安然栖居其中。这一世界中的万有"皆栖居在他的灿烂光华中……不是可被经验、被描述的本质，不是一束有定名的属性，而是无待无垠、纯全无方、唯一之'你'，充溢苍穹之'你'"。

"——我们经验到'你'之什么？

——全无。因为'你'不可被经验。

——我们能知悉'你'之什么？

———切。因为'你之任何一部分都不可被单称知悉'。"①

没有任何概念体系、天赋良知、梦幻想象、目的意图、欲望、先知预见横亘在"我"与"你"之间。"我"与"你"的关系是直接无间的、现时的。"没有任何事物本是现成的经验，它必在与相遇者之交互作用中呈示自身。"这是关系的世界，诚如孩童，"并非首先知觉到对象，而后建立与它的关系，相反倒是，建立关系之努力率先出现"，"孩童之手形成拱穹，以让相遇者安卧其下，其后而生的便是关系，即先于任何语词的无言的言说'你'"②。

马丁·布伯认为，人无"它"不可生存，但仅靠"它"则生存者不复为人。马丁·布伯也论述了"你"之世界与"它"之世界的关系："仅在关系中人方可感悟万有之唯一

---

① 马丁·布伯:《我与你》，第13—14页。
② 马丁·布伯:《我与你》，第27—28页。

性，仅在唯一性之感悟中人方可怀具万有一体之心胸。此刻，他第一次把事物经验成性质之聚合。每一关系性体验后，隶属于'你'之性质便留存在人的记忆里，然只是到此时，事物于他才呈现为由实在性质所构成者。'你'之中本有众多性质之核心、基质，而人根据其对关系的回忆，依照每个人之梦想性、形象性或思考性之不同性格，将此基质充实、扩大。此刻，他也第一次把事物塞入时空——因果网络，使其各居其位，各循其途，各具其可测度性及特定本性。"①

二

我们认为世界是什么样的？可能不少人向世界投射了敌意，认为世界是神秘莫测、严苛的、不太友善的、一不小心就会被其惩罚的一个所在；而我们自身是弱小的、无力的、被摆布的，因此我们应该用经验、知识、科学、理性武装自己，壮大自身的力量，洞悉世界的规律，认识它、把握它、进而征服它，或者至少在灾难来临的时候，我们不会束手就擒、坐以待毙，而是拥有可以对抗它的武器和装备。我们将世界置于对立的一面，想要"知彼知己，战无不胜"，但在我们感觉还不够强大的时候，我们在世界面前又是惶恐、小心

---

① 马丁·布伯：《我与你》，第 30 页。

翼翼、带着讨好的。也许，在这样的想法引领下，我们永远不会有自信去"对抗世界、征服世界"。因为，世界原本就不是被用来征服的。

人们常把世界看作是与自身没有多少联系、独立于自身的纯粹、客观的存在。因此，人们对世界的态度其实是复杂的：世界是庞大的、未知的，自有其运转的规律，存在着真理，而我当下是无力的，我需要努力，需要去解开世界运转的秘密，掌握有关世界的大大小小的真理，不断增强我的力量。当我掌握了越来越多的真理，我就对世界多一分控制，就在这个世界上占据了比较有利的位置，就不太容易被世界灭掉。

这样的观念里灌注了人对世界和他人的恶意，既表露了人自身的无力，也隐含了人的无知和狂妄。因为无力，所以敌意；因为敌意，所以狂妄。这样的观念里，人制造了自身与世界的对立。

三

世界是一个绝对的、纯粹的、客观的存在吗？关于这个世界，是否有绝对的、客观的、不变的真理？人们须用这大大小小的真理武装自己的头脑，增强自己的力量，依此真理行事，获得可预见的结果，而免于被惩罚？

伟大的哲学家、教育家杜威认为，哲学应当彻底抛弃追寻终极起源的想法。传统上的唯物与唯心之争论认为，要么物质，要么精神总有一者是独立于人而客观存在的，并且必须有一个是本原。杜威认为，这种争论的背后是假设存在某种终极力量，而事实上，世界不存在永恒绝对的真理和唯一的真相，无论是物质还是精神都不是最终的起源。所有的观念，其意义并非是揭示事物固有的属性，而只是处理问题、解决问题的可能的设想、方法和途径。"所有概念、学说、系统，不管它们怎样精致，怎样坚实，必须视为假设，就够了。它们应该被看做是检验行动的工具。"① 理论之所以是真理，与它们是否反映了客观现实，是否是一种正确的认识没有关系，而只在于它是否能够有效地解决问题。

日本科普作家竹内薰指出，宇宙也好，生命也罢，没有一个人能从它的根本原理开始计算。"世界不过是假设的集合体。将这样的世界视作绝对真理，无异于自欺欺人。甚至可以说，这意味着精神的'死亡'。"②

世人总想找出唯一绝对的真相，找到可以一统万物的本原，找到永恒不变的规律，找到一个稳定的实在，似乎这样，

---

① 文聘元：《现代西方哲学的故事》，天津：百花文艺出版社，2005年，第136页。
② 竹内薰：《假设的世界：一切不能想当然》，曹逸冰译，海口：南海出版公司，2017年，第165页。

方可安心，方可依附。伟大的科学家爱因斯坦、霍金则持有相对的世界观（双方都对，没有对错之分；没有绝对标准，只有视情况而定的相对标准）和复数主义（即，不存在能够统一整体的、绝对和唯一的假设。不同的假设永远处于共存状态）。也许，这些伟大的科学家不太会受到常识、成见、固有观念的羁绊，他们更加开放、灵活、柔软、轻盈，因而能够直面事实。

四

人们一向尊崇客观，生怕主观性或者个体的感受、体验、想法会对客观结论和规律造成干扰，也担心个体的主观欲望和渴求会在客观现实面前不堪一击。

杜威认为，这个世界不是完全超脱于我们认识之上的东西，而是被人们所认识的世界，被心灵所认识的自然。世界甚至受到我们认识的制约，我们认为客体所具有的某些性质，甚至可能并非客体本身固有的，而是我们主动赋予的。

曾有一个幼儿园的实习生在和孩子告别时，孩子问她喜欢什么颜色，她说喜欢蓝色。这个孩子就送了实习生姐姐一幅画，画的是一只蜗牛，一半是蓝色，一半是黄色，因为蓝色是实习生姐姐喜欢的颜色，而黄色是孩子自己喜欢的颜色。这样一幅似乎并不符合客观现实的蜗牛的画，带有幼儿浓厚的、主观的情感色彩。但正是由于这些个人化、主观化的内容，让画有了情感，有了生命，让人动情，引人共鸣。幼儿是天生的艺术家、创造家，他们真正在践行艺术的本质。他们用绘画、用各种艺术形式去表达自己的感受，表达自己的心，表达自己的情，表达自己对世界的爱。当成人要求幼儿遵循某种标准和范式去画一幅合规矩、有技巧的画的时候，其实是在格式化幼儿的灵魂，让他们离艺术越来越远。

事实上，这个世界早已被蒙上了主观的色彩。也正因为如此，正因为有了人类深情的凝视、用心的感知，这世界因而有了生命，有了灵性，生动、美好而温暖。

人与世界的对话永远在进行。"一方面，人给予事物意义，从而构成他的环境；另一方面，他的环境又是他存在的基础。换言之，若无人给予世界意义，世界将是无；若无世界，人也将是无。它们互为条件，共生共存。事物的意义是由事物和人共同决定的。反过来，人的意义也是由人和事物共同决定的。"[①] 在个体与世界、与环境、与生活赤诚的相遇中，交相辉映出彼此的光芒。

2. 感觉

孩子的世界是清新、陌生而美丽的，充满了惊奇和刺

---

① 张汝伦：《现代西方哲学十五讲》，北京：北京大学出版社，2005年，第272页。

激。对于我们大多数人来说，那种明察秋毫的眼力、对美和令人叹为观止的事物的感受力，在我们尚未成年时就已经变得迟钝甚至完全丧失了。倘若我对仙女有影响力，我会恳求她赐予世界上每个孩子惊奇之心，而且终其一生都无法被摧毁，能够永远有效地对抗以后岁月中的倦怠和幻灭，摆脱一切虚伪的表象，不至于远离我们内心的力量源泉。

——雷切尔·卡森《惊奇之心》

　　包括视觉、听觉、触觉、嗅觉、味觉等在内的感觉，是孩子天然的觉察能力。孩子通过感觉发现世界、发现他人、发现自己，孩子通过感觉与世界进行链接，建立关系。教育学者孙瑞雪在《完整的成长》一书中说道，"幼儿是感觉的生命而不是语言的生命"。"全世界的幼儿都要透过感觉的过程来认识世界，用感觉和这个世界建立最初的关系。""精神感觉和精神情绪就是一个人内在最高的激情、最高的美和最高的善。只要它出现，就马上抓住它。儿童就是这样做的。"[1] "感官是将我们与古往今来所有人连在一起的一种延伸。它们在主观和客观之间搭起了桥梁，在个人的灵魂与其众多相关物之

---

① 孙瑞雪：《完整的成长——儿童生命的自我创造》，北京：中国妇女出版社，2018年，第82、95页。

间搭起了桥梁，将个人与宇宙以及地球上的一切生命连在了一起。"①

感觉是上天赋予生命无比珍贵的东西。它不可言说，却是我们生命本身；它独一无二，任何人无法替代或复制。经由感觉，孩子发现世界的秘密，生发丰富的情感，经历生动的体验，获得为人的尊严。当孩子在凝视、聆听、呼吸、品尝、触摸、感受的过程中，有疑惑、有好奇、有发现、有惊喜、有感动、有安宁，他与世界是融合在一起的。

孙瑞雪认为，我们太急功近利了，我们常喜欢让儿童越过感觉与心理而直接到达认知。"许多妈妈不允许孩子吃手，不允许孩子抓摸，不允许孩子玩土……一个劲地说着'不讲卫生''听话'，而使孩子焦虑地大哭。许多教育者让6岁的孩子速算。还有许多我们熟知的教育方法，比如老师站在前面教孩子，'1是个棒棒，2是个鸭子，3是个耳朵'……类似这种根据成人的想象而设计的教育方法影响着一代又一代的孩子。"②"离开感觉，'教'出来的成长，只会建构一套认知与生命分离的系统，儿童所掌握的东西就是知识，而无法形成智慧。……分离会导致一个和自己的生命不融合的虚假系统，

---

① 戴安娜·阿克曼：《感觉的自然史》，庄安祺译，2017年5月，转引自孙瑞雪：《完整的成长——儿童生命的自我创造》，第77页。
② 孙瑞雪：《完整的成长——儿童生命的自我创造》，第83页。

它的本质是一个人的身、心、意的分裂。"① "若让儿童提前进入认知，用话语的方式灌输给他知识，这是违背自然法则的，会产生不良后果。那就是今天很多成人饱尝着内在没有'自我'的混乱和无自主性的挣扎，没有精神的愉悦，没有创造。"②孙瑞雪指出，不了解人成长的历程，而想当然地使用灌输和驯化，这种破坏儿童成长的教育模式却被我们延续了下来，我们要从这样的教育观中惊醒。

初秋的午后，阳光透过树叶散落在地面。孩子在翠绿的灌木上摘取几片叶子，欣喜地跑向成人，想与成人分享他的发现和喜悦。成人认为教育是无处不在的，立刻启用头脑认知模式，循循善诱，"哪片叶子大呀？""这是什么颜色啊？"

这个时刻，成人们精神上是荒芜、乏味和无趣的，他们和世界失去了血脉相连的感觉，成了被世界流放的弃儿。孙瑞雪认为："如果有一天，我们可以和儿童共鸣，和儿童用感觉共享精神时光，儿童就不再孤独，就不再像我们那样，渐渐地把那个精神的世界遗忘掉了。……精神世界可以久久存储在我们的内心，精神世界可以被我们久久回味，因为那里的核心是美。而我们被世俗的现实包围吞噬，早早离开了审美

---

① 孙瑞雪：《完整的成长——儿童生命的自我创造》，第 84 页。
② 孙瑞雪：《完整的成长——儿童生命的自我创造》，第 96 页。

的、感觉的世界。……现实锁定了我们的人生，我们就放弃了突然的一个闪念给我们带来的成长的机会，这种锁定也将逐渐加重我们生命的惯性和僵硬，加重所谓的命运。如果我们观察儿童，这个机会将会重来。"①

《惊奇之心》的作者雷切尔·卡森认为感受远比"知道"重要。他说："我由衷地相信，对于孩子和想要引导孩子的父母来说，感知远比认知重要得多，或者说'知道'的重要性远不如感受的一半。如果客观事物是日后生产出知识和智慧的种子，那么情感和感受就是种子赖以生长的沃土，而儿童时代的早期是土壤的准备时期。一旦唤起了对美的感受，与对新鲜和未知事物的兴奋感、同情、怜悯、赞赏或爱的情感，我们便会希望获得使我们产生了情感的这些事情的有关知识。这样的学习，意义会更加持久。为孩子铺就一条渴望知识的道路远比向他反复灌输他尚未准备好吸收的事实更为重要。"②

3．审美

一般人迫于实际生活的需要，都把利害认得太真，

---

① 孙瑞雪：《完整的成长——儿童生命的自我创造》，第95页。
② 雷切尔·卡森著，尼克·凯尔什摄影：《惊奇之心》，王家湘译，南宁：接力出版社，2014年，第37页。

不能站在适当的距离之外去看人生世相，于是这丰富华严的世界，除了可效用于饮食男女的营求之外，便无其他意义。他们一看到瓜就想它是可以摘来吃的，一看到漂亮的女子就起性欲的冲动。他们完全是占有欲的奴隶。

——朱光潜《谈美》

美，就是生命本身，是爱，是希望，是力量。

人天生就会和美好的事物进行链接，这是人之本性，是人之为人的意义。一个人能感受到美，因美而心动，因美而吸引，因美而爱，生命的内驱力便唤醒了。美，链接了个体内在的自我，引领个体看向世界、更广阔的世界。

审美，是需要直觉的。感觉到美，那就是美了。美，不存在固定的标准，它是独特的、主观的，是和个体的气质与命运相契合的。个体自由地感受和表达美，免于外界意志的干扰或功利的考量，这本身就是一种美。

美的教育，是最高的教育。美，天然地蕴含了自由、纯粹、勇敢和尊严。个体能自由地感受美、表达美、向往美、追求美，就说明我们的教育没有走偏。知识、信念、结论、道理、准则，仅仅是审美的工具；当它们成为审美的障碍时，可以搁置或者抛弃。

美的事物超越现实的局限和原有的束缚，带来更多的可能性、更广阔的想象力和视野，让人的精神得以解放和自由；美的事物也必然是抚慰内心的，它引起心灵的共鸣，让人感到万物平等，一切如其所是，让人对自身有更多的接纳，而不是带来自责和不配得感；美的事物回应人内心的声音和呼唤，好像你在寻找，它在等待，你们此时此刻相遇，终于看到了彼此。

美的事物带来能量的流畅和自身的力量，让人更有慧眼去识别、更有智慧去选择、更有勇气去保护自己。美术教育家张一凡认为，要用千万种方法去体验美好，保护趋利避害的珍贵天性，从小做自己身体的王，让身心有力量免疫丑恶——体验过好的，就对差的有免疫力。当PUA（一种心理操控术）、侵袭、暴力、不公到来，人的身体自动就能嗅出丑恶的味道，快速识别，主动远离。而不是去纠结、自责、迷惑，这是不是爱？真正体验过美好带来的幸福，就知道凡是让你能量凝固、恐惧讨好、无力无助的，统统不是爱，也不是美好。

美，让人直接看到事物的本质。心理学者李雪指出，一个人的审美是非常重要的。审美不仅仅指的是对食物、衣服、生活用品的审美，还包括对一段关系的审美、对一个工作方法的审美、对生活方式的审美等等。李雪举了一个亲身经历的例子，她在上大学学电磁力学时，有一次需要先对磁流体建模正确之后才能去算一个内容。因为这个题的计算量比较大，李雪就对小组其他成员说那个磁流体是怎样流的，让小组成员按她的方式去算。小组成员当时就质疑她，你怎么知道你就是对的？李雪说，因为当磁流体这样流动的时候比较美！接着，他们小组一算就算对了，很快就求解出了答案。

回归自己的内心，开启身体感觉的通道，放松心灵去感受，搁置先在的观念和符号，直接与事物相遇，我们会发现事物的秩序和美，发现事物与自身之间的契合。没有终极的真理和最高的指导准则，人的体验和感受就是最高的权威。信任自己的感觉，允许自己并不完美，是最需要勇气去做的事。

真正人生重大且正确的决定不是来自头脑分析，而是源于内心体验。但是我们常常惧怕体验，却依赖头脑。倾向于灌输给孩子所谓的利弊分析、吃亏沾光的思维，不断打击和评判孩子发出的"喜欢、想要、想要更好"这些来自内心真实的声音、愿望和需求，这对孩子的主体性是一种无所不在的全方位的损伤，这会导致个体对美的迟钝以及对美好事物的不配得感。

功利、实用的想法和导向像一张密密实实的网将人牢牢地捆住、困住，人像一头困兽在牢笼里打转，像一只苍蝇在瓶子里找不到出口。一个没有主体性的人执着于用头脑去分析、衡量、评判、比较，去寻找利益的最优化，他可能迟迟做不出选择或者反而做出了比较差的选择。因为这种理论上的"最优化"总是在遥不可及的某处虚无缥缈地存在。没有主体性的人缺乏一个内在的核心来整合关于外界的碎片化的信息。如果不尊重自己的感觉，不抱持自己的不完美，不给自己一丝宠爱，头脑中的各种"最好""应该"就是一个暴君，裹挟着外界信息和符号的风暴，把人抛向恐惧和无助的高空。只有当人勇敢地信任自己，回归自己的内心，才能安然落地。

美，超越了时空和物质，超越了具体的个人，美无具形，却永恒存在。如雷切尔·卡森所说："不管是科学家还是普通民众，那些生活于地球之美和神秘之中的人，永远不会孤单或对生活感到厌倦，无论他们的个人生活中有什么样的烦恼或忧虑，他们总能找到途径获得内心满足，重新振奋起生活的激情。那些凝望地球之美的人拥有储备生命的能量，只要一息尚存，就不会衰竭。候鸟的迁徙、潮涨潮落、待春绽放的苞芽，不仅有着真实的美，也蕴含着象征意义的美，在大自然周而复始的歌咏中有着某种无穷的治愈能力——深信黑夜之后到来的是黎明，冬天之后到来的是春天。"①

---

① 雷切尔·卡森：《惊奇之心》，第 57 页。

4. 语言、理性及其局限

> 词语不代表事物本身，词语遮蔽了我们对事物本身
> 更深入更广阔的感知和了解。比如，"孤独"这个词就妨
> 碍了我们去彻底了解那种状态。我们是这些词语的奴隶。
>
> ——克里姆那希提

一

法国的弗里德雷克·卢梭教授在论述语言和词的作用时
认为，在开始的时候，孩子是和他们的经历混合在一起的，
是因为有了词，孩子才可以重新去观察他的经验和经历。比
如一个小宝宝看到一条狗，狗朝他狂吠，他会处于一种巨大
的害怕中。他被这个情绪占据着，孩子这个时候就会转向
他的父亲或者母亲说：狗狗，汪汪，父母可能会用语言回答
说：这个是狗，要注意哦，不要靠近哦，只要我们不要去摸
它，它都是友善的。通过这样一个简单的例子我们会看到，
语言和词是怎样把孩子和当时的情形分开的。对于孩子来说
他们有一个东西可以帮他们处理突如其来的事件，这就是语
言。如果孩子要很好地处理所受到的惊吓，他们要获得符号
化的能力，语言已经需要在他们那里建立起来。当我们说抵
达了语言，不是说日常的话比如"把作业做了""把房间收拾

好""闭嘴"等这些普通的话，而是，孩子们可以去描述自己感受到了什么、经历到了什么这样的语言。只有在跟成人有真正的交流的时候，孩子在真正地朝向成人的时候，他们才真正的抵达了语言。

确实，赋予事物意义，于人们来说，会有一种安定、踏实、对事物有了掌控的感觉。这固然是好的一面，但事物的另一面是，我们依赖上了语词依赖上了概念依赖上了对事物进行命名，而且我们陷入了惰性，一旦命名确定了就不再对之进行反思或者质疑。殊不知，事物此时的命名、语词此时的含义并非固定的、并非与生俱来的，而只是人们在具体情景下赋予的。事物的此时此刻此情景下的意义可以被颠覆、可以被深入、可以被扩展。每个人基于自己以往的经验、基于不同的视角获得事物不同的意义。没有终极真理，没有终极意义，真理只是假设，意义也只是假设，是对所观察到的事实的一种有用的假设而已。

如果我们视事物的现有意义为确凿不变的，没有反思、没有改变，没有去看知识、词语和概念背后的事物，那我们就成了已有知识和概念的奴隶。

当一个人告诉我们他目前的状态，他的痛苦，他的挣扎，他的无力，我们迅速对这种状态给予一种命名"抑郁"或者其他别的断定。我们担心自己也停留在这种状态中，不敢去体会这个人的处境，就先抓住一个词"抑郁"。这样，我们与这种处境分离了，我们貌似有力量了，可以去谈论了可以去处理了，但我们却失去了理解，失去了关切，失去了感同身受，失去了更大的力量。当人们过于依赖语词、迷信理性时，人们活在了"抽象"中。一味地追求快速、效益、控制，世界在人们眼中像被脱光了衣服，等待着被分析被解构，失去了原初的质感，失去了神秘和趣味。人们不再用感官去品味去欣赏去感受，更多的是去分析、计算、权衡，头脑高速运转，心灵却被流放。

说出来的是语言，说不出来的是体验。语言是抽象的，体验是有温度的，语言在触摸体验时获得了意义。

当我们越是想用理性去把握些什么的时候，越是产生困惑、迷茫和痛苦。放下对事物的控制感，把自己当成无知孩童一般只是去体验去享受时，反而会感觉到安静和喜悦、神秘和非凡。

二

当世界只剩下符号、语言、概念、理性、客观，当世界不再神秘不再有吸引力不再惹人爱让人好奇，当儿童面对一个赤裸裸的世界，还带着某种认知的压力以及是否正确的评判时，儿童怎么能融入得进去呢？原初世界于儿童应该是新鲜的、神秘的、质感的、有吸引力的。儿童由于爱由于感动由于好奇，他沉浸于世界中，探索未知，发现自己和世界的联系，寻找世界对于自己的独特意义。他们不是置身于世界之外，拿起刀解剖世界，分割出成人称之为有用的东西。他们是和世界融为一体的，他们爱着这个世界，用心体会这个世界，表达对这个世界的感受、爱与心声。

女儿二年级时在一篇题为"我的妈妈"的作文中，这样描述妈妈，"妈妈长得很美，她的工作是一名心理学老师。她脸上也常常带着微笑"。这和实际上妈妈美不美是没有关系的。如果有人说"你妈妈根本不美"，这也许是一个"客观的事实"，但却不是孩子的"心理事实"。儿童并不是将自己置身事外、纯粹客观地描述世界，他们基于自己和世界的联系，表达世界对于个人的意义和对这个世界的想法（妈妈很重要，妈妈爱我，我喜欢妈妈）。当成人说你写的不是事实的时候，他们是真的不了解儿童的精神世界。

孩子是在和妈妈朝夕相处中，在和妈妈的欢笑嬉闹中，在妈妈的温柔爱抚中，感受母爱。这个充满爱的妈妈，对她而言就是美的。孩子感受到的是"妈妈很美"，她想要表达的是她和妈妈之间爱的流动，妈妈喜欢我，我喜欢妈妈，这种爱的感觉愉悦、美好。她没有感受到的对于她而言就算是客观的，也是没有意义的。心灵的感受是有质地有记忆有温度的，而所谓客观仅仅只是一种词语描述罢了。

词语是一样的，但对每个人的经历和意义是不一样的。欢乐和欢乐是不一样的，悲伤和悲伤是不一样的。

很多时候，当你和他人分享一件好玩的事、一个人有趣的行为或特点时，别人抛出一个名词来，这个名词或概念足以涵盖你的描述，听起来是正确无误甚至可以说是贴切的，但你就是瞬间觉得扫兴，觉得热烈的兴致被水泼灭，觉得感觉被抽离，很尬，很堵。词语、标签、概念有时是有用的，但有时是冰冷的、隔离的、扫兴的，甚至是自恋的和愚蠢的。

概念、标签和道理隔离了情感，隔离了有趣，隔离了心与心的靠近与交流。别用空泛的言语，阻隔了真实的情感；勿用虚妄的控制，切断爱意的流动。

5. 让儿童直接与事物链接

> 现代知识体系所概括的世界的复杂性远不如原初的生活世界的复杂性。正因为如此，面对这个从遥远自然、开天辟地、世代相传而来的复杂的世界，……所需要的不仅仅是说明，更是而且首先是亲近、体验、理解，敞开我们生命的细微触角来感受这个世界的复杂与细致入微，由此而孕育儿童生命的复杂性。
>
> ——刘铁芳

一

生命自身包含了神秘的主导本能，有着自身发展的积极潜力，儿童以有吸收力的心灵寻求自我适应环境。蒙台梭利在《有吸收力的心灵》中指出，一个婴儿有创造的本能和积极的潜力，能依靠他的环境而构筑起一个精神世界。成人必须以极大的关心为儿童准备适宜的环境，"教育的第一个问题就是给儿童提供一个能让他发展天赋功能的环境。……它不仅是能否让儿童感到高兴和做自己喜欢做的事的问题，也是按照自然法则行事的问题，自然法则之一就是发展应该通过环境经验形成，有了这第一步，儿童才会进入更高水平的经验之中"。[①] 儿童受到这种充满着爱的温暖、有着丰富营养的环境的吸引而产生的把自身与周围的环境联系起来的冲动和爱，"不仅仅是一种情绪的反应，而且是一种智慧的要求"。它"使儿童能以一种敏感和热情的方式去观察他环境中的那些特征……正因为儿童爱他的环境，而不是对它漠不关心，所以，儿童的智慧可以看到成人视而不见的东西"。[②]

那么，什么样的环境能深深地吸引儿童，使得儿童产生一种不可抵抗的冲动，使儿童爱他的环境？或者，从更广义的视角追问，世界对儿童究竟意味着什么？

世界之于儿童，应该是：可亲近的（与他们的生活、生

---

① 玛利亚·蒙台梭利：《有吸收力的心灵》，第 100 页。
② 玛利亚·蒙台梭利：《童年的秘密》，马荣根译，单中惠校，北京：人民教育出版社，2005 年，第 110 页。

命是有重叠的）、新鲜的（有他们所不知道的、不曾经历不曾体验、能引起他们的好奇和兴趣的）、有点神秘的（好像隐藏着一些什么秘密，有着未知的事物等待他们探索）、有美感的（秩序之美、文字语言之美、韵律节奏之美、人性之美等）、相对完整的（不是片段的、支离破碎的、被人为截取的）、自然的生动的（这个世界是带着温暖和情感的，有着原初的质感，它是生动的，是有生命力的，未被过度解构与提纯、未被刻意删减设计、未被有意识地导向一个明确的方向或结论）。世界在儿童眼中并不是一个可以攫取和占有的存在，不是工具性或手段性的，儿童眼中的世界是友好、有爱的。儿童因为爱，因为世界之魅力而被自然吸引其中，儿童专注于被吸引的事物、环境与世界当中，沉浸于其中，享受于其中，与世界亲密互动，与世界合二为一、融为一体，儿童的生命受到滋养，精神得以建构。

教育学者金生鈜指出，儿童与有吸引力的环境、与美好世界的相遇与交往是构成性的、存在性的。儿童通过参与、体验、感受、思考、探究、倾听而享用这个世界的意义。当儿童受到环境的吸引，爱他的环境，把自身与周围环境联系起来的时候，儿童是和自己的灵魂在一起，和事物在一起，和世界在一起，儿童专注、沉浸、投入、享受于其中。他的身心都汇聚于此，他内在发展的需要是与当前的事物、环境、世界天然契合的，当前的事物、环境和世界给予儿童的精神充分的满足和滋养。此时儿童的内在是舒展的，是向世界敞开的，是和世界对话的，在这样一场独特的交流中，儿童获得了关于事物、环境和世界的密语，这是独属于儿童自己的体验、经历、思考与感悟。

在儿童与事物本身直接的接触中、直接的相遇中，儿童打开他的眼、耳、口、鼻、舌、身、心、意，捕捉、觉察自己有感觉的那部分。也许是刹那的心动、瞬间的震撼、倏忽的灵感，抑或是逐渐的入迷、长久的沉醉，都是儿童在与宇宙万物产生链接时灵魂被触动、心灵被唤起。正是经由这样的途径、这样的时刻，儿童发现什么是自己喜欢的、什么是有感觉的、什么是触动心灵的、什么是擅长的，这有感觉的部分就是儿童的自我的核心。这种与宇宙万物之间的灵魂链接，是儿童成长过程中不可言说的秘密，是儿童成长的动力，也是儿童确立自我、立于天地之间的底气和自信。那种与宇宙万物链接时的专注、投入、眼神交会、心灵相通的模样，可谓人间大美。

二

当孩子看一幅画时，成人问："宝贝，这个大树是什么颜色？树上有几只小鸟呀？"这样做是很愚蠢很残忍的。意境、想象和可能性被彻底破坏，只剩下拙劣理性的牵制和限定。

人的体验以及说不出来的东西会不断发酵、创造，能说出来的收获很快便会忘记，语言往往局限甚至会破坏我们无限的感知。"早期的教育需要足够地涵蕴个体与自然、世界的混沌联系，必要而恰当地延缓个体置身世界之中的理智化进程，从而给个体随后而来的理智化生存提供充分的原初性质料"，"与自然、世界的复杂性相比，人的理智化总是有限的。过早的理智化意味着先行缩减了个体与周遭世界的复杂、丰富而细致入微的联系"。[①] 无奈的是，人们常常相信语言，以为滔滔不绝便是有智。殊不知，沉默以对有时更具美感。有时候，孩子的一言不发或者沉默，其与世界的默契，远胜于成人的喋喋不休。

很多时候，成人喜欢做的一件事是：把本来与环境融为一体、沉浸、专注于事物的儿童从环境中、从世界中强行拉离。他们不放心儿童，很想看看甚至想时刻监控着儿童大脑中发生了什么看得见的变化，获得了些什么可以说得出的"知识"，他们担心儿童动力不足，没有奖惩就无法继续下去。因此总是汲汲于所得、戚戚于所失，总是忍不住擅自闯入，进行巡视、提醒、评价，来扰乱、打断儿童存在性的在场。

蒙台梭利认为，成人未经儿童邀请的闯入、评价（包括

---

① 刘铁芳：《返回生活世界教育学：教育何以面对个体生命成长的复杂性》，《教育研究》2012 年第 1 期。

称赞）、指点，把儿童的心灵搞乱了，因为它"正处于组织自我的过程中，……正幸福和平静地进行着内部构造的工作……试图获得一种内部的协调"。① 因此，蒙台梭利强调："儿童在专注工作的时候，在任何情形下，一定不要阻止他，也不要干预他的活动，或是打断他完整的表达。因为这种干涉会对他的完全投入造成影响，打断他的思路，显然是一种错误的做法。哪怕这种干预可能只是一种叫喊，或者对他表示关切；你对他不断增加的关注，就像给他很多电击一样，他必须对此有所反应。"②

成人很擅长把孩子从那些需要沉浸其中去感受去体验的、不可言说的美妙事情和时刻——这样的事情和时刻应该是具有个性化差异化的，有着浪漫、孤独、黑暗、混沌、神秘、潜意识的意味——硬拉回到世俗的、喧哗的、刺眼的、确定的、可以言说的技巧和规则上来。成人急不可耐地对孩子说："快点做""做给我看""看我的，我来教你"。他们急于开始，急于看到结果。殊不知，孩子需要与事物、与世界有充分的接触和浸润，走马观花、立竿见影对儿童毫无益处，只会让孩子们变得对什么事都毫无兴趣。

---

① 玛利亚·蒙台梭利：《童年的秘密》，马荣根译，单中惠校，第74页。
② 玛利亚·蒙台梭利：《有吸收力的心灵》，第309页。

三

成人往往从自己的角度出发看待儿童心灵的发展,"他们认为儿童的心灵里什么也没有,等待着他们尽力去填塞;儿童是孤弱的和无力的,成人必须为他们做所有的事情;儿童是缺乏精神指导的,需要成人不断地给予指导"[①]。殊不知,儿童有自己亲身体验世界、感知世界的权利,成人无权剥夺,任何"为你好"的替代和干涉本质上都是侵犯,侵犯儿童王国的领土;儿童更有自己亲身体验世界、感知世界的能力,儿童的生命有着自身发展的积极潜力,儿童以有吸收力的心灵寻求自我适应环境,这是每个生命与生俱来神的恩赐与礼物。独特的生命会对世界有独特的理解、独特的看法,从而有独特的贡献、独特的创造。成人必须认识到,在儿童的发展方面他们绝对不起主导作用,成人要不断地阻止自己干涉儿童的冲动。

当成人认为世界是与人对立的存在,是可以占有的、不断攫取的物化的存在时,成人便以"舍我其谁"的勇气拿起手中的利器,占有之,解构之,审视之,分析它的成分,提取它的营养,过度提纯、过度解读。成人把原本质感、温

---

① 玛利亚·蒙台梭利:《童年的秘密》,马荣根译,单中惠校,第31页。

暖、灵动的世界掰开了、揉碎了、分析好了，分装到标好了营养成分的器皿里端给儿童，变着花样让儿童吃下去。成人把儿童当什么？接受知识的容器？成人以为自己是谁？布道者？这么焦虑，这么急切！成人津津乐道于自己的良苦用心、器皿的精致、花样的繁多。但，如果退后一步，把聚光灯从舞台中央的成人身上撤回，照到缩在角落里的儿童身上，看看儿童，真正以儿童视角来看，成人会不会想到，也许，成人只要单纯地呈现出世界、把世界带给儿童就好了。

不同儿童之间、儿童与成人之间都有着对世界不同的诠释，每个人都是在自己先前已有的基础上吸收、成长。每个儿童当下感知到的是不同的东西，而成人分析好了的、导向明确结论和标准答案的设计是要去传递一样的内容、一样的认知，想要儿童去掌握教师想要儿童去掌握的东西。当人处于仅仅想"获取些什么"的认知状态时，只是大脑的运作，而非灵魂和身心的参与。此时的世界不是与人融为一体的，而是二元对立的，人对世界功利性的审视、解构与占有，得到的只是一些没有生命力的"知识"与"教条"。

成年人自身所缺失的是一种对事物本身的兴趣、关注、审视、挖掘、链接与享受。比如绘本，绘本的图画、绘本的文字、绘本中的人物、绘本中的情感或者绘本本身蕴含着但无法言说的那种味道，或惊奇、或感动、或忧伤；比如音乐，音乐本身的音符、节奏，表达出来的契合故事的那种氛围，很多成人已经进不去了，他们只是在外围说些不着边际、道理正确但毫无意义的话。

不是去分析、解离、抽取、阐释，不是用语言讲述、归纳、概括，也不是硬要额外地从外部去给事物增加什么意义，而是让绘本、音乐、故事、事物、世界如实呈现，作为一个整体呈现。它就是它，它就是它自身。当我们去评判、破坏时，我们是粗浅的，也是粗暴的。

四

给不到两岁的孩子讲《阿里巴巴和四十大盗》，讲《白雪公主》。开头就说到，阿里巴巴的爸爸妈妈都死了，宝宝就说，"没有死"；讲到白雪公主的妈妈生病死了，宝宝就说，"没有死"。我知道她的意思，于是和她说，"宝宝不想让爸爸妈妈死，宝宝想爸爸妈妈总是和宝宝在一起，爱宝宝"。她点点头，"嗯！"

孩子不是独立于世界之外的，她绝非是以冷静客观纯粹的视角看世界，所以她还不能或者不愿接受"阿里巴巴的爸爸妈妈死了，白雪公主的妈妈死了"这样的情节。她对于世界的了解融入了自己的生活、自己的情感、自己的愿望，她是带着自己的心去认识世界理解世界的，带着爱和纯真，带着温暖和美好。她希望阿里巴巴的爸爸妈妈没有死，她希望白雪公主的妈妈没有死，她希望阿里巴巴和白雪公主们总是有爸爸妈妈疼爱，希望每个孩子都和爸爸妈妈一起厮守、嬉戏、快乐。世界是孩子的世界，孩子是世界的孩子，孩子与世界，你中有我，我中有你，本是一体。那世界还有没有客观的模样？阿里巴巴的爸爸妈妈究竟死了没有？这并不重要，因为世界本来就不是绝对客观的，故事可以有多种表述方式。可以有另外一个版本，在这个版本里，阿里巴巴的爸爸妈妈就没有死。又或者，孩子的愿望被看到了，她也许能够接受阿里巴巴的爸爸妈妈死了这样的情节设定。

当我们把孩子从世界的怀抱中拉出，我们把世界视为纯粹客观的存在，可以分析解构，可以掌控，可以攫取，孩子也就被迫压抑了主观的愿望、情感和幻想。他要动用大脑、逻辑、推理，欲望变得赤裸裸，看起来更加机灵，然而面目也变得机械。孩子与世界之间的密语没有了，孩子与世界之间的心有灵犀没有了，孩子与世界之间的眼神交汇没有了，孩子和世界互相陌生了，孩子得不到世界的滋养，世界也失去了与孩子的链接。

当孩子在看鱼时，他只是在看鱼，他也许在注意鱼的身体长什么样，他也许在感受鱼儿游泳的欢快自在，他也许只是在看着游来游去的鱼儿发发呆，他只是在看鱼，他只是与鱼儿在一起。如果我们硬要给他一个渔网，希望他能用渔网戳来戳去，希望他能捕到鱼儿，希望他能锻炼手臂动作，希望他能借助渔网这样的工具获取更多的快乐，那就是在把孩子拉离世界，让孩子和世界成为二元对立的双方。充满无限可能与意蕴的世界以及同样充满无限可能与未来的孩子在成人眼里变成了功利、实用、量化的存在；同时，世界失去了美，失去了让人沉静的力量，失去了神秘与让人探索的欲望，世界与孩子同时被物化了。

头脑放空，保持与事物当下的链接。纯然链接中的专注、喜悦、自由、灵感，是创造、自信和幸福之源。可是许多人害怕近似冒险、近似将自己交出的人与人、人与世界之间的纯然的链接，要动用理性去控制，要迫不及待去命名、去计算，结果是破坏了过程之美和最初的体验，丧失了真实的美好。控制是试图追求婴儿期无所不能的残迹，而无所不能是在防御无能。我们是有多么匮乏和不安而不能放心地将自己交出，不能容忍自己与事物直接相拥！我们又是多么贪婪地追逐利益最大化，追求一次搞定，试图将事物纳入囊中全部占有，从而盲目地将自己和世界都变成了工具，而失去了美妙的体验和感受！

6. 所有真正学习的精神都是爱

所有真正学习的精神都是爱，而不是思考的窍门和技术。孩子热爱这个世界，这就是他们为什么那么擅长了解世界的原因。

——约翰·霍特《孩子是如何学习的》

一

父母都很关心孩子的学习，但对孩子是如何学习的，父母又了解多少呢？

学习是基于生活体验和已有经验的。生活的体验本身既是一种学习，也作为已有经验为以后的学习打下基础。比如，孩子去过大海，这是一种生动的体验，他体验过大海的辽阔、海水的触摸、海水的湛蓝……孩子对大海的这些感知是他以后学习与大海有关的知识的经验基础，更是一种回忆，一种留在生命里的美好时光。

孩子的学习是要符合孩子当前的发展阶段的。当孩子学习效果不甚理想或者停滞不前时，父母需要审视和反思：孩子是否缺乏相关体验和经验基础？学习是否与孩子当前的认知与能力发展阶段不相符合？当前发展水平、发展阶段的局限是生理上的、还是经验缺失上，抑或是其他？父母可以做些什么（比如补充缺失的经验、循序渐进提供支持和指导等）？

学习需要认知，但更需要身和心的参与。学习是一个过程，而并非是一个结果。在这个过程中，并不是简单获取一些僵硬的没有生命力的知识碎片，而是需要用身和心的感知，去和事物建立深度链接。这个学习过程有场景、有情景、有体验、有感知、有品味、有沉思、有兴奋、有顿悟……比如学习语言，感受、体验、品味发音的韵味、节奏、句子的构成；比如音乐，感受与体会口腔、气流、声带的变化以及声音的大小、强弱、粗细的不同，感受和沉浸于欢唱歌声时身体的通畅、心情的飞扬……这个过程中，人与语言、与音乐就有了链接、有了感情、有了密语，人与语言和音乐就融在一起，语言和音乐就真正是属于这个人的。这个过程是需要慢下来的过程，是需要沉浸、吸收的过程。它不能催促、不能焦虑、不能功利，不是立竿见影，不是非要看得出什么，不是非得当下习得了什么技巧。如果真要看，要去看孩子是否被吸引，是否真喜欢，是否真的融入，是否有灵性。

二

学习并不仅仅是单纯的"知道"，不是独立于自身的纯粹外界的"知识"，它是关乎人自身的、关乎个人整个身心的感受以及人格。我和父亲有一次聊天的时候，父亲说起他之前坐拖拉机去某个地方，去的次数多了，在车上闭着眼不用看都知道到哪里了：某个地方有饭店飘出来的香味（嗅觉）、某个地方路上很颠簸（全身感觉）、某个地方很嘈杂

（听觉）……可以说，并不只是用脑袋记，全身心都有感觉和记忆。

在人格上，当一个人人格发展得比较好时，他便勇于去绽放自己的思想和生命，让生命状态得以舒展而较少受到束缚，潜能得以实现，想象力、创造力得以发挥。拥有了兴趣、好奇心，个体便对整个世界产生探索的欲望。又如个体共情和善良的品质，也是个体与世界产生链接从而产生创造性的重要源泉。一位少年为患老年痴呆的爷爷发明了一项防止爷爷走失、可以让家人在爷爷处于不安全范围时敏锐感知到的智能手环。如果没有对爷爷的爱，发明的动力可能不会有。

马克思认为，人不仅通过思维，而且以全部感觉在对象世界中肯定自己。发现自己、肯定自己是怎样一种体验？不是通过说教和道理，不是通过头脑和"知道"，而是以全部感觉在对象世界中，吸引、投入、沉浸、探索、体验……比如去感受音乐的音准、节奏、旋律；体味一幅画，感受艺术品带来的故事和心情，动手做一件事等，好像开启了一个通道，捕捉了某种密码，获得了神授予的只有自己知道的独特暗号，有平和、有喜悦，有激动、有兴奋，领略到自然世界的美与壮观、人性的温暖和情感、人类的奇迹和博大……这种体验像夜空中的烟火，纵失去，但美仍在，在心灵中在记忆中让人确认自己、肯定自己、欣赏自己、激励自己。

三

我曾在学院教室的黑板上看到一个钢琴琴键与五线谱的对应标示图，是把钢琴的每一个琴键与五线谱的对应关系标好了。当时觉得挺好的，很有规律性，就用手机拍了下来。心想女儿在学钢琴，给她看看，可以辅助记忆一下，弹琴的时候就知道哪个音对哪个键了。

反思之后才意识到，这就是我一贯的思维和学习方式：总想自上而下的，先记住一个什么道理、一个总结，先占有一个"知识"。但霖霖没接受我这个所谓的技巧，她自己在钢琴上摸索。她就自下而上地先去体验与感受每个音，用耳朵直接感知每个音，经由直接感知，用自己的感觉去体会键盘与音的关系，中间不用隔着"琴键与音的对应，这个琴键是哪个音，这个音是哪个琴键"这个外在的知识、一个"先在的经验"或"总结"。这个"先在的经验"和"总结"反而会对人的正常感知正常思维造成扰乱，它会打断人全心全意与事物的链接与相遇，它会占据大脑的一部分能量、一部分空间，它会蹦出来打断和提醒，"有没有记得准确，琴键与音是不是这样？"

儿童有她自己的想法和自己的方式。成人以为好的和对的，只是成人惯有的模式。成人惯有的模式很多时候并不适合孩子。孩子拒绝成人的时候，可千万别以为她"不识好歹"。成人觉得自己是好心好意的，其实只是自作多情管得太宽而已。成人的叨叨和先在知识、先在经验很多时候对儿童反而是一种扰乱。

四

孩子的学习是需要身与心能沉浸于事物中的，他专注于其中，不受打扰。成人的打扰既包括打断（这种打断是看得见的，比如他在做事，成人去喊他；比如成人嫌他慢，去催促他），更包括评判（这种打扰是无形的，却是伤害力更强的，这种评判其实也包括夸奖、鼓励。成人对孩子真正的激励，是真诚地同样对孩子关注的事物本身感兴趣，想要试着进入事物本身，愿闻其详）。在这个慢下来的学习过程中，孩子不仅习得有关事物本身的知识（比如单词的记忆和句子的表达），也学会了品位与审美（比如语言和音乐的美妙与美好）以及和事物直接的链接和逻辑。

学者约翰·霍特指出："所有真正学习的精神都是爱，而不是思考的窍门和技术。孩子热爱这个世界，这就是他们为什么那么擅长了解世界的原因。"[①] 爱，才是最大的动力。成人只要不去破坏孩子对于世界的爱，尽己所能给他们打开世界的大门，孩子们自然就会去感受、探索。

---

① 约翰·霍特：《孩子是如何学习的》，张雪兰译，北京：北京联合出版公司，2016 年，第 232 页。

成人缺少的就是沉浸于事物以及慢下来的耐心，他们只想获取些什么，急躁而焦虑地想看到最终的结果。他们不是对事物本身感兴趣，而只是绕在外围说一些虚头巴脑的话，但丝毫不知正在打扰孩子和事物的链接和密语。

学者余世存在《盗火者》中指出："我们这一代人，在做人上面都是成问题的，我们连自己都没有找到立身处世的那种很踏实、很坚固的感觉，所以也很难给孩子提供安全感。"成人自己都不知道自己喜欢什么、爱什么，自己的天赋在哪里，自己的热情在哪里，我们自己都没有学会与世界在一起，沉浸于世界的美好与美妙之中，又怎么能去引导儿童享用生活的美好，去学习去创造美好生活呢？我们也就很难带给孩子一种只是纯粹地与事物在一起的美好感觉。

教育是父母的修行：修自身纯真，修自身坚定，修自己能沉下心专注于事物，像孩子一样感受事物的乐趣和挑战。自己都专注不了，就只能说些正确无比但毫无用处的废话，很容易让孩子不耐烦。

在孩子与事物纯然链接的世界里，任何功利性的存在都必将无所遁形。

7. 那些对世界的爱，到哪里去了？

能爱比被爱重要。爱的能力，源于孩子心底一粒爱的种子，在充盈着宠爱、信任、回应和自由的沃土里，经由日复一日新鲜空气、和煦阳光、汩汩溪流的滋养，而生成了一个信任自己、信任世界的人，勇敢地拥抱世界，勇敢地爱世界。

一

很多孩子在小的时候应该都有过想要一件东西却得不到的经历吧！很想要很想要一样东西，很想做很想做一件事。比如吃棒棒糖，比如想要一个玩具，比如玩水。

孩子有其天然的精神内核，孩子内在的天性会指引他天然地就对世界产生兴趣。每个孩子的禀赋不一样，但每一个孩子都像得到了神的指引一样对世界万物产生兴趣，建立链接。

这大概就是最初的爱的萌芽吧！

孩子对事物产生了兴趣，走向它。成人就去创造条件。比如孩子玩水，成人端来水（如果担心水凉，可以用温水），给他一些小杯子之类的玩具。孩子就可以把手伸进水中，并用器具不断舀起水，倒掉，再舀起，再倒掉，玩得不亦乐乎。孩子沉浸其中，乐此不疲，他喜欢玩水。

在这个过程中，孩子得到了什么？我们看到了什么？

如果硬要分析，我们可以说，孩子与水接触，感受到水的温度，水的流动；他用杯子舀水、倒水，感受自己对杯子的操作，发展了感觉和动作；从注意力上来说，他是很专注的。但对于孩子来说，他仅仅是在玩，他只要觉得舒服、自在、好玩、有趣就好了。成人顺应孩子天性，创造条件，满足孩子，孩子自然就发展了。

也许，这是孩子与宇宙万物间的对话，他们前世有约，身为成人的我们并不懂他们的密语。面对孩子与事物之间的神秘之约，我们无须多言。孩子是宇宙的孩子，是神的孩子，自然要感知宇宙的密语。经由本性的指引，孩子沉浸、专注于眼前的事物，享受当下的时光，他们用眼睛、用耳朵、用鼻子、用嘴巴、用身体、用心灵去接受来自自然的密码，身心得以滋养，精神也逐渐像小苗一样成长。作为成人，应该做的是保持敬畏，创造条件。

二

但现实中，成人会有很多很多这样那样的理由，使孩子不能如愿。比如，糖吃多了会蛀牙；这个玩具不好玩；玩水会弄湿衣服；漫画书、小说对学习没好处，不许看！要看，也得考上大学了再看！或者不准谈恋爱，工作了再谈；等等。

但是，长大了，再去读当时想要读的书，再去谈那时想要谈的恋爱，时光，还能回得去吗？

孩子不想做不想要的，成人却拿到他面前：这个胡萝卜有营养，要吃掉；给你报了个钢琴班，要坚持哦！

温尼科特认为，孩子以自己的感受建立的自我，是真自我，这样的自我具有自主性、具有活力和创造性；孩子围绕成人的感受建立的自我是假自我，这样的自我没有内核，依赖外界，机械而没有活力。

这些想要而不可得、不想做却必须去做的错位，是成人施与孩子的暴行。这种错位给孩子的身心带来了混乱和分裂，孩子会逐渐失去对世界万物的热爱与激情，失去对自我意志的表达与自信，失去对真实世界的观察与思考，失去对真实事物逻辑关系的感知与信任。最终，孩子失去了自己，也失去了世界。一言以蔽之，孩子慢慢变傻了、变笨了。所谓"聪明"就是耳聪目明，每个孩子原本都是耳聪目明的。但如果孩子的感受、自发性总是被各种理由敷衍、被各种现实打击、被各种外界意志取代，他终将变得不能去信任自己的感觉，不能去信任自己的自发性。自发的感受、自发的欲望不被信任，不被满足，个体茫然四顾，等待接受外界一些固定的或随机的程序，却又在与外界的磨合里纠结、挣扎、反抗，原本敏感、清澈、明亮的五官和身体将会变得迟钝、效率低下，甚至变成一种累赘和耻辱。

三

只有那淳朴的、发乎于心的吸引、喜欢，才是爱，才让人安心，才给人滋养，才能长久。

心灵被滋养，栖息于一片自然的原野。人，得以成为人的模样；人，得以有尊严地立于天地之间。

当孩子和事物之间建立了链接，有了和事物之间的密语，他们就能用自己的感觉、自己的密语与事物进行对话。

当孩子和世界之间隔着"道理、分析、评判"时，当成人打乱孩子的节奏时，那是在切断孩子和事物之间的链接，或者是在用很大的嗡嗡嗡的噪音去强力地干扰或者打断这种链接。当孩子失去了和宇宙万物之间自然、直接、本性的链接时，他就失去了自己的灵魂。在宇宙间，他就像无根的浮萍，没有精神家园的孩子，他只是存在于这世间，听命于名义上的主人——父母，受制于规则、命令，那些自主、想象、创造、专注、快乐、幸福，都由于被切断而飞散在宇宙间湮灭不见了。

所有的感受和表达，都需要被看见、被接纳、被允许。每个个体都希望：当说出自己的感受、自己的想法、自己的选择时，会被尊重，而不是被嘲笑、被纠正、被评判、被要求解释为什么这样想这样做。比如孩子说，"我不想吃这个菜"时，不会被要求"怎么不想吃啊，吃了补充维生素，身体更健康"；当孩子穿了一件自己想穿的衣服时，不会被说"那件衣服太花了，不适合你穿"；当孩子委屈哭泣时，不会被说"这点小事就哭，以后走到社会上还受不了一点委屈了"。

功利性的算计对心灵的戕害，是无穷的。对功利性的、实用性的衡量、算计与追逐，是无止境的。这种追逐，让人总是活在头脑对事物之利弊、好处、功用的分析和权衡中，对过去不断地懊悔和对未来不断地焦虑中，却无法安然用心去感受当下事物的存在。人毕竟是高等动物，需要精神的滋养，需要心灵的栖息，高速运转的头脑和计算会逐渐挤压灵魂的生存空间，让人难以自在放松，难以看到更多的美和可能性。

受实用主义、功利主义影响，人们做事似乎一定要有看得见的好处和利益，不然就没有动力。台湾学者蒋勋指出："价值的单一化，物质和利益的追逐会让心灵蒙上厚厚的灰尘，看不到内心深处的爱，也失去了最有智慧的感觉。"人们惶顾四周，不断地抓取、比较、追逐，生怕错过了什么，生怕辜负了什么。殊不知，不能爱己所爱、做自己喜欢的事、发挥自己的禀赋，才是对生命最大的辜负。

四

成人觉得对孩子好的事，很多时候都有更适合的解决办法，并不需要以否定孩子的感受、切断孩子与身体的链接、无视孩子的自我和个性为代价。成人看似维护了一个又一个自以为真的真理、信念，比如，"不要偏食，不然对身体健康不利""不要早恋，影响学习"等等，但真正损害的是更大的真理。这个更大的真理即孩子自我的发展、身体智慧的发展、孩子与自己身体的链接、对自己身体感受的信任等，这些是孩子更大的利益、更长远的发展。

一个人的头脑可以很发达，但是最大的、最难得的智慧却是身体的智慧。这种智慧在很多成年人身上已经消逝不见，而这种身体感觉的消逝或者难以信任自己身体的感觉也是创造力缺失、想象力贫乏的根源，是造成当代人各种心理问题诸如抑郁、焦虑、失眠、亲密关系障碍等的重要原因。

成人费劲心力去学习"身心合一"，"复归于婴儿"，而孩子在还是孩子的时候，他就是身心合一的。他的身体会告诉他真实的感受：冷、热、舒服或者不舒服、喜欢或者不喜欢……当孩子身体的感受被尊重，他也会越来越信任自己的身体，越来越与自己的身体在一起，甚至可以说，他越来越与世界在一起，能够自然顺畅链接世界上任何事情、资源、人，能根据感觉直接、天然地做出适合自己的最优选择。

曾在《读者》上看到一篇文章，作者认为，"00后甚至10后的孩子，他们已经不可能像我们这一代人，去追求安全感，追求物质财富；他们会真正去追求幸福，寻找存在的意义感"。这种幸福，这种存在的意义感，是在不断发现自己的所爱与热情、发挥自己的禀赋与特长的过程中感受到的。未来社会里，随着社会、经济、科技、文明的不断发展，个体的个性特质、内在感受和独特表达将愈加珍贵。诚如教育学者赵南所言，"发现自我、确证自我，成为每一个现代人必须完成的自我追寻，也是每个儿童自我意识发展的必然追求"。①
教育将更加回归本质，发现自我，确证自我，个体潜能得以
充分发挥，社会也得以不断发展。

8."挫折教育"背后的逻辑

> 是快乐而不是痛苦，是满足而不是失望，是幸福而
> 不是沮丧，是对所有这些美好事物的希望和追求而不是
> 对痛苦、失望和沮丧的回避，才是让一个人更珍惜更努
> 力更坚持的动力和理由。

一

不少人提倡、尊崇"挫折教育""延迟满足"，希望孩子通
过经历挫折、学会延迟满足从而更好地适应未来的社会和未
来的世界。这种想法和做法背后有两个大的问题。

首先，孩子能真正适应未来社会和世界的基础，是孩子
有一个稳定的自我。这个稳定自我的发展需要一个良好的环
境。在这个环境中，孩子能够自由发声并得到及时善意的回
应，从而不断累积"我是好的，我是值得的""世界是好的"
的感觉。但人为制造的"挫折教育""延迟满足"却恰恰与这
样一种环境背道而驰，它反而是去打压、磨损、毁坏培育孩

---

① 赵南：《对学校教育目的与功能的新构想——基于儿童自我意
识发展的视角》，《教育研究与实验》2012 年第 4 期。

子稳定自我的土壤和根基。孩子发出的感受、愿望和需求都是珍贵的，是生命力、活力的体现，而那些所谓的挫折，"就是不能满足你，更不能及时满足你""就得让你吃点苦，你才会更珍惜更努力更坚强"等等，是不断地在压抑生命能量，拿走培育孩子稳定自我的养料，恰恰是与让孩子适应社会适应世界这一目标背道而驰的。

其次，人为制造的"挫折"和"延迟"带给孩子一个扭曲的、不真实的世界。很多所谓的教育都是自相矛盾、没有内在一致的逻辑。比如，一方面希望孩子要有梦想，要勇敢地追求自己的梦想，祝愿孩子"心想事成"，希望孩子有魄力、主动、自信，但一方面又传递给孩子"这世界不会如你所愿""你没那么容易实现你的梦想的""这社会和世界会给你使很多绊子的""这世界上谁会对你好呢"诸多消极的信息。提前打预防针、防患于未然、未雨绸缪固然是没错的，但这样做的时候，成人实际上倾向于过多地将世界的阴暗面展示给孩子，带给孩子关于这个世界的非难、困苦、无助的信息，展示给孩子一个经过人为歪曲的世界，让孩子也背负起了不该背负的沉重。真实的世界不是这样的，在真实的世界里，你发出声音是能够得到回应的；真实的世界里，只要你知道什么是你想要的，你需要的资源和信息就会被吸引和汇聚，从而得到你想要的。但是最大最大的问题是，很多人根本不知道自己做什么、要什么，也不敢去要，世界如何帮你呢？

而不知道要什么、不敢去要，却恰恰是经由所谓的"挫折教育""延迟满足"一点点培育出来的恶果。

要毁掉或者说废掉一个孩子，莫过于灭掉他的欲望，打压他的需求，对他的想法进行评判、指责、呵斥。这样他就不敢、不愿、不能、不会发出自己的声音和愿望、表达自己的需求和想法。因为他知道，即使他这样做了，也不会有什么好的结果，他又何必自取其辱呢？

所以，人为制造挫折教育是不可取的。很多父母教师不了解孩子，也没有深入研究教育真正的内核，从书上、从人们的口口相传中知道了些诸如"挫折教育""延迟满足"的名词，不加思考就拿来用在孩子身上，却从来没有反思和探索真正的事实真相。

当孩子表达愿望、发出声音，成人听到，尊重，尽力去满足。但成人也是人，也有自身的限度和缺陷，如果满足不了，可以坦诚地面对自己的不愿、不能或是不敢，基于客观的现实和局限，去寻找其他可能的途径。敢于直面自身的限度，基于这个限度去寻找可能的资源和路径，这是成人在教育中最大的智慧和勇敢，也为孩子带来真实的世界。

二

成人之所以重视挫折教育，本质上是想处理孩子的自体与外在客体之间的关系。毫无疑问，一个人的自体是重要的。

我们希望孩子绽放生命力，拥有生命热情，在生命活力和生命热情推动下孩子去探索、去学习、去行动；我们希望孩子能够在世界上发出自己的声音，实现自己的梦想和价值。我们也确实看到，小孩子的身上有股劲，他天不怕地不怕，没有约束没有禁忌，想要什么就直接说直接拿直接做，是谓"初生牛犊不怕虎"。

但成人必须考虑得更多。孩子触碰热水，他不知道危险，可是成人要保护孩子不被伤害，成人必须告知孩子危险性，必须予以禁止。此时，在孩子的个性张扬能量释放与孩子的身体安全之间，成人必须选择身体安全。不过，在很多时候，成人这种以安全和稳妥为第一原则的思维方式走向极端，表现为对危险性的过度评估以及对孩子行为的过度禁止，往往损害和压制了孩子生命力的流动。

成人是非常矛盾的。在孩子生命能量张扬的时候，比如他们想要突破一些束缚和禁忌去尝试去探索的时候，成人倾向于去否定、制止或打压，给予孩子挫折，让孩子知道世道艰辛；在孩子遇到困难遇到挫折或者遇到和自己能量不匹配的事物时，成人又往往不切实际地希望孩子爆发出无比强大的战斗力，无所不能无往不胜，将困难和障碍化为无形。品品这里面的味道，最大的问题是，孩子能量的释放是由不得自己做主的。在孩子想要恣意释放生命力时，成人出于安全、秩序等缘由过来调节了，这个时候成人实际上自身就是孩子挥洒生命能量的主要障碍；在孩子真正遇到些障碍试图自身进行调整或者转移方向时，成人又出来加油助威了，"孩子，你一定要坚持啊，不能打退堂鼓啊，坚持就是胜利啊，有志者事竟成"等等。成人自作多情自作聪明地把自己横亘在孩子的自体与外界客体之间，充当起了调节者的作用。

那么，作为成人，我们有没有反思背后的逻辑？我们认为孩子的自体和外界客体之间保持一种什么样的关系才是比较好的？我想，我们希望孩子拥有一个健康的、灵活的、柔韧的自体，其生命力和生命热情是自由奔放的。他受到世界的吸引，愿意参与、进入、探索、享用这个世界；信任这个世界，能感受世界的善意与美好，也对世界保持善意；在和世界的链接与频率对接中，能够找到自身的节奏，找到在世界上的位置；同时，当世界不如自己所愿时，在遇到一些障碍与困难时，他也会审视、衡量，要么停下，要么前进，要么求助，要么转身，能够做出比较灵活的选择。

看到"挫折教育"背后的逻辑与初衷，我们首先要做的就是用心培育孩子的主体性，培育孩子的良好自体，这是教育本身的目的。看见他的需求，尊重、回应、呵护他的需求；恪守界限，提供条件，给予孩子释放自身生命能量的自主和自由；在看见孩子的内在动力的同时，也引导孩子接触真实的世界，了解真实世界真实生活的局限和客观。如此，孩子自然对自己的生命有足够的信任，对世界持有基本的认知和善意，也会保持应有的灵活和坚韧。

当孩子遇到挫折、困难或者障碍的时候，他没有如成人预期般表现出勇往直前坚韧不拔时，此时是一个反思的契机。成人借此走近孩子，了解孩子，帮助孩子，同时反思自己。作为成人，我们可以分析困难具体是什么情况，比如学习上的困难，是某些知识与孩子当前认知发展能力不匹配吗？是孩子不具有相应的生活经验吗？是孩子没有体验到某个学科的乐趣，他的热情并不在此，却被父母强制来学吗？我们要去看，对他重要的是什么，他的生命能量生命热情在哪里，我们有没有了解他、尊重他，有没有提供了力所能及的条件和资源去帮助他。

有人会说，小孩子懂什么，他的那些喜欢那些热情不实用，要学些实用的，要务实一些，等他长大了就会知道父母的良苦用心，就会感激父母。其实不然。如果无视孩子的热情、喜欢、兴趣和能量，孩子最终会变成一个物化的、工具的、乏味的、颓废的人。诚然，社会是现实的，孩子其实也会向现实妥协和低头，孩子配合成人的已经很多了。但，孩子的热情和能量，他看重的事，他喜欢的事，他感兴趣的事，必须需要有一个出口，必须被基本允许。他被看到了，哪怕他感受到了这个世界与他有 1% 的同频，能与他的能量共振，他就能够忍受生活中 99% 不得不做的事。

如何让孩子对他所在的世界、社会、生活保持着本已有之的好奇与热情，让他觉得这个世界是美好的、善意的、值得的，是令人心向往之的，他喜欢这个世界，愿意拥抱、融入这个世界，勇敢自信地发挥自己的禀赋，发出自己的声音，和这个世界去对话、交流，去创造未知，去实现价值，去收获喜悦，这些才是教育中最需要做的，也是值得我们成人去承担去奋斗的。

第三章　倾听初心

倾听着是美好的，我们倾听着的时候是放松的、安然的。我们倾听静谧的夜晚虫儿的呢喃，我们倾听微微的凉风温柔的轻拂，我们倾听悠然的时光给予的恩宠。

倾听孩子，就是倾听生命的呢喃、悸动、温柔与恩宠。我们倾听这个鲜活生动的生命，他宝贵愿望的表达，他对于独立、自主、自由的向往，他想要和世界万物、世间美好链接的初心。

1. 宝贵的愿望

> "不要问这世界需要什么。
>
> 问问自己，什么事会让你充满活力，然后就去做这些事。
>
> 因为这世界需要充满活力的人。"

——霍华德·瑟曼

一个人的愿望是很宝贵的。他想、他要、他喜欢、他愿意……这是生命活力的一种体现，而且往往是没有理由的。活着、活力需要什么理由？如果需要理由，可以说是他体内的基因需要得以表达。个体受到生命基因、本能和无意识的驱使，受到这个美好世界的吸引，他要去活动，要去探索，要去感受，要去喜欢，要去爱。这种活力有时表现在想要一件东西，是物质的需要；有时表现在想要从事一样活动，是探究的需要；有时表现在想要表达一种观点，是表达自我的需要……

一个人的心，直接地、天然地受到吸引去和事物产生链接，那种感觉是很美好的。就像教育学者孙瑞雪所言，"如果儿童被某个东西触动了，即便不是震撼，他们也会嗅着它，用全部的激情去投入。那种内在奇妙的感觉就是精神胚胎的驱动，也是他们生命成长的动力。他们是由内在的力量驱动来决定做什么，而不是由某个外在的利益动机驱动。这恰恰是人的希望所在。这样的孩子长大后，就能既照顾好自己的生命和生活，又能兼顾和体恤其他的生命，建设所有人赖以生存的世界。"[1]

欲望和需求，可以说是人与世界相连的一个接口。那些被回应了的愿望和需要，会让孩子觉得，自己的感受和想法被看见了，自己是一个值得的人，自己配得上想要的一切。这样一种对于世界的信任、一种对于自己的自信，这样一种动力，是比金钱更珍贵的东西。对于成人来说，满足了自己也会感到幸福美好。

生命力包含着满满的能量。一个孩子捕捉、尊重自己的感受：我喜欢这个东西，我对这个是有感觉的；孩子表达自己的意愿：我喜欢这个，我认为……这些都是能量的表达。欲望和需求的回应和满足让孩子感到愉悦和舒畅，这是能量的滋养。孩子表达、释放能量，也受到能量的滋养。在孩子和世界的能量互换和流动中，带来信任、勇气、爱、力量和一切美好的事物。

个体能量的表达难免会被评判，比如孩子想要一个新书包、一个新杯子，父母说，"你都有了书包和杯子，为什么还要？""不懂得节俭"等等。这种评判积累多了，会让孩子觉

① 孙瑞雪：《完整的成长——儿童生命的自我创造》，第95页。

得"欲望和需求的表达是不对的，是羞耻的"。那么，日后不仅仅在一个杯子或一个书包上，在其他欲望的表达上孩子也会踌躇、也会羞耻，不敢无条件无理由地满足自己。他甚至会慢慢积累了"不配得"的感觉：我的需求、我的欲望是不合时宜的，我配不上我想要的这些，这么好的东西怎么可能会发生在我身上呢？孩子长大后，考虑事情就容易思前想后、顾虑重重、缩手缩脚、固守陈规，更不敢发现美、欣赏美、追求美。他会觉得有些思想、有些事物，是遥不可及的，是我所不能企及的，是我这个位置不能得到的。

总是对孩子的需求和愿望进行该与不该、有用没用、正确与否的评价与评判，让孩子分析论证这种愿望的合理性，是活力丧失的成人乐此不疲的事，还总是冠以"这是在教育孩子""是为了孩子好"的名义。

这个世界需要但缺乏的是发自内心的"我想""我要""我喜欢""我爱"，这是无穷无尽的活力和希望。然而更多人践行的是"该不该""对不对""行不行""好不好""有没有用"，这是吸附活力和希望的黑洞。

当孩子不得不为自己自发的愿望、喜欢、行为、选择、意志向成人进行解释、分析、论证的时候，某种宝贵的东西已经消失了。

面对生命，我们能解释什么、分析什么呢？作为孩子，又能说些什么呢？应该相信，还存在着另一个平行宇宙，一个已然身为成人所不懂的世界。孩子掌握着这个世界的密语，他们所发出的每一个愿望和喜欢、爱和选择、方式和节奏，都来自这个神秘世界的指引，这是用现实世界的语言所无法表达的。当孩子被迫去表达去澄清的时候，孩子与那个神秘世界之间的链接就消失不见了；当孩子在成人的要求下磕磕巴巴去解释和论证时，事情就变得面目全非，混乱、言不由衷、谎言就会出现。

生命的浩瀚和美在于其不可言说。意识总比无意识有限。喜欢什么想做什么、不喜欢什么不去做什么、什么时候开始什么时候结束、以什么方式什么姿势，都可以没有理由。如果硬要去逼问，人就会用身体、用"症状"，甚至用生命表达，因为本质上身体是无意识忠实的代言。人们也很难看懂身体的表达，然而人们并没有意识到，我们的问题不在于看不懂，而在于不该超越界限不识趣而蛮横地逼问，在于太执着地想得到一个我们不能也不必完全知晓的、本质上并不存在的生命的答案和谜底。

长大以后，很多人感到很难再爱起来了。尤其中年之后，慢慢地体会到了那种"看起来一切都还好，但就是快乐不起来"的感受。不痛不痒，不悲不喜，想要用力，无处着地，想要呐喊，四顾无人。也许是因为没有爱吧！这种爱，先权且视为"爱好"。有没有一种爱好，可以让人沉浸其中，可以由衷地喜欢、持久地着迷、真正地享受？

从小时候我们想要一个什么东西而成人会用很多理由拒绝开始，一个人的心与美好事物的链接之间，就开始有很多功利性的考量了。成人难以理解孩子天然地去和事物链接的向往和渴望，他们会用"经验性的"、更为"明智"的建议给予考量给予打扰最终切断这份链接：这个，会不会耽误时间？那个，没有什么用吧？这样做，更划得来吧？成人说服了孩子，孩子不得不听从了成人，然而在这个过程中，很多宝贵的东西失去了：孩子的初心、热情、自由，还有意志。

2. 无深情，不少年

> 我想所谓孤独，就是你面对的那个人，他的情绪和你自己的情绪，不在同一个频率。
>
> ——理查德·耶茨《十一种孤独》

《狗十三》这部电影揭示了少年深情而孤独的内心世界。

刚开始，这部电影会让我产生一点恍惚和错觉：李玩的家人对她还算好的，一家人在乎她的感受，小心翼翼地，也想讨好她，哄她，让她开心，不是挺好的吗？豆瓣里这样的评论也是我看完电影最初的感受："这毕竟还是大城市里较为体面的家庭的故事了，女孩要在父亲面前挑衅地吹啤酒瓶才会挨一顿打，打完还能得到道歉与补偿。在我们十八线小城市的版本里，女孩准备出门找狗的时候就已经可以赢得两记耳光了，没有发出尖叫的机会，没有摔门摔碗的机会，只能把头深深地埋进被窝里无声地哭一场，第二天起来，就长大了。"

看起来，相对于"听我的，否则挨打"的直接和粗暴，李玩的家人应该算好的了吧？

是的，电影里的李玩和家人，代表的是更多家庭的状态。这种状态不是直接的冷漠和冷酷，它裹着一层甚至几层"温情"的外衣。正是因为这种温情外衣的蒙蔽，让人觉得堵心，让人觉得恍惚、纠结，让人更看不清事实真相。这种温情——爸爸和爷爷奶奶努力做到的温情，试图将李玩也将观众逼向这样的思考：我都这样了，我们都尽力了，你还要怎样呢？你该懂事了呀！（你再作，再不懂事，就是你不对了）

这，不过是温情加持下的逼迫就范而已。

不论是直接粗暴，还是温情逼迫，事实的真相不都是一样吗？不都是父母爱无能，看不见孩子吗？

虽然本质一样，但后者危害却更大。因为后者的方式会让孩子像观众一样陷于一种混乱的错觉：家人其实还好了，我还要怎样？我再作就是我不对，我该懂事了。蓬勃的、自发的生命活力和能量不仅未被看到，还在成人制造的混乱逻辑中被评判为"错的、不该的"。

所以，还不如直接点呢，直接承认这样一个事实：父母是看不见孩子的，是没有能力爱孩子的。而不是裹上一层糖衣说：父母是爱你的，是为你好，等长大了就能理解父母的良苦用心了。

确实，爸爸、爷爷、奶奶也只能做到这份上了。和直接、简单、粗暴的打骂或不尊重相比，似乎好一点了，我们大多数人的认知和爱的能力也基本在这个层次了，表面上看，真的已经尽力了。

但，家人真的看到孩子了吗？没有。

他们知道李玩真正喜欢什么吗？他们知道李玩的能量、热情、兴趣在哪里吗？

应该是知道的。因为李玩已经很清楚地表达了，她的志愿是物理。但还是被爸爸强硬地改了。

但爸爸不知道或者说低估了李玩对物理学的热爱以及物理学对李玩的吸引和意义。

作为一个初中的学生，李玩看霍金的《时间简史》，谈论平行宇宙，真的很了不起。可是孩子对宇宙、对世界、对人类处境的深度思考，对成人来说是没有用的，不如现实的利益来得重要。

李玩是孤独的，没有人真正在乎她的喜欢、她的热情、她的能量是在哪里，也许大人和李玩就是不在一个宇宙吧。大人们自顾自地做着他们以为对孩子好的事情，当孩子不服从的时候，大人就倍感委屈、自恋受挫、恼羞成怒：我们为你付出这么多，你还想咋样？

大人难道不想看到孩子身上这种生机勃勃的能量和热情吗？他们只是嫌麻烦，这种能量的涌动会带来一些未知的变化，而大人们已然沉重的身体和脆弱的心灵疲于应付，他们对这个世界早已失去热情和好奇，他们只想安稳地、波澜不惊地生活；他们只是怕，他们担心这种能量的威力太大，孩子控制不住。但当高放的吻在李玩面前尴尬地戛然而止时，李玩说，我不想这样。我们会看到，孩子是有能力控制她的能量的。

对于成长中的孩子表现出的无穷而新异的能量，大人们会本能地觉得不安而想去抑制。在保守而逐渐老去的大人们看来，这些能量有可能指向未知、冒险或伤害。实际上，如果加以适当的引导，孩子们的能量可以安全地得到疏通，不仅让孩子们和世界更亲密地接触，也会给大人们沉闷的世界带来新鲜活力。

还有一只狗呢，也许狗和李玩在一个宇宙吧。狗是默默的，它只是陪伴，它会听着，它不咋呼，不干涉，不评判。电影中爸爸吼着问，爷爷奶奶在你眼里还不如狗吗？我脑海中在设想，李玩的身体和大人们在一个宇宙，她的心灵又在另一个宇宙。大人们可能更加看重和孩子之间因为身体因为物质因为血缘而建立的联系。但大人们把孩子生下来，在她没能力谋生前，难道不应该负责她的衣食住行，给她提供基本的物质条件吗？这些分内之事不应该再积累道德资本了。有了心灵与心灵之间能量的流动、彼此的看见和回应，感情才是彼此滋养的，才是美好的，才是能给予人力量的。纵使彼此之间有血缘和伦理关系，但在双方关系里，只有一方的意志在咆哮，只有一方占据着道德高位，真正的感情就无从谈起。如果硬要比较不在一个维度的两个平行宇宙的话，李玩和狗在一起的那个心灵的宇宙可能会令她的灵魂更加安静、更加放松、更加自由、更加有力量。

可是，流向狗的能量和情感也被扑灭了。大人们扑灭能量的方式有：1. 否认。就像真的不相信存在着平行宇宙一样，大人们也是真的不理解李玩的内心世界，狗有那么重要吗？所以，狗丢了就丢了，他们也不去找。2. 假装。再买一只差不多一样的狗。大人们以为，情感是可以假装、可以复制的。3. 残忍。打狗，送狗，杀狗，吃狗肉。

最终，李玩投注了能量、深情和秘密的平行宇宙，不管是她和物理学共处的那个平行宇宙，还是她和小狗共处的那个平行宇宙，被另一个平行世界的大人们入侵了、破坏了。大人们所在的这个世界是她肉体之身所在之处，她不得不回来。现实生活中那些不想回到肉体之身所在的平行宇宙的孩子，则选择永远地留在另一个平行宇宙。

溜冰场上那一幕，让人泪目。大人们始终听不到孩子的讲话，"我站不起来了""你带着我溜"……孩子一直也没有等到一双温暖的手、一双注视着自己的鼓励的眼神。人们只是在自说自话："自己站起来""这不就会了吗"。台上还有竖大拇指表示赞赏的家人。

这就是大人的世界。

为了适应大人们所在的平行世界，李玩必须学会切割自己的情感。当终于找到了"爱因斯坦"时，她却跑开了，"我好怕它会扑上来认我。"

无深情，不少年。但，所谓长大，不应该是向深情告别。

自体心理学家徐钧老师认为，"当一个人发现自己真正被人倾听，并且发现有另一个人真正愿意理解他时，他就会觉得与人性同在，并感受到人类归属。"少年，是多么渴望自己的深情能够被倾听、被看见，而不是置身于每个人都觉得对你好的人群之中却倍感孤独。

3. 看见

> 表面行为总有欠缺，但背后的动力没有欠缺。
>
> ——斯蒂芬·吉里根

一

孩子的感受、体验、愿望、需求和想法都是极其宝贵的。孩子的言语、行动以及借助于涂鸦、音乐等手段的种种表达，都是他当下内心的呈现，都是在与世界进行能量的互动：孩子感受着、表达着世界之于自己的意义，并向世界投入自己的深情。成人需要看到，在孩子那些尚显笨拙和稚嫩的表达背后，是多么质朴的深情和多么纯粹的勇敢。孩子们勇敢地表达自己，表达自己的爱，他们渴望自己的深情有人懂，有人回应。

成人绝不应该仅仅从表面上去看孩子的表达是否符合词法和语法、是否符合绘画和乐理的标准、是否符合礼仪规范，却忽视了这些表达背后的深意。我们不能只是去看，只是去评判，只是去套用理论，而要用心灵去感知，用情感去共鸣。

当孩子断断续续说出几个不那么连贯的词时，重要的不是去判断他说得是否符合语法，不是去纠正他，而是用成人的敏感、经验和智慧去懂得他真正想要表达的：他的感受、他的喜欢、他的想法和他的需求。当孩子的心被看到、被懂得、被回应，他生命的通道会逐渐打开，生命之泉不断涌现，流畅表达就是水到渠成的了。

但成人们缺乏必要的敏感和智慧去感应孩子此时此刻的内心，他们热衷于评判孩子的表达是否流利是否协调是否规范，热衷于让孩子们习得更多、更有技巧的表达方式和更标准、更合乎规范的姿势。他们似乎更看重知识的形式和占有量，似乎总是在为孩子的未来做着更好的储备，而无视孩子当下的体验。孩子们在成人吹毛求疵般的精益求精和近乎狂热的执着占有中，要失去他们的灵性和勇敢了。等到孩子们终于习得了很多技巧、占有了很多知识的时候，却再也没有想要表达的感受，也没有想要表达的欲望了。那些内心的火花、那些闪现的灵感、那些想要放声大唱的歌，在日复一日的纠正、日复一日的忽略中暗淡了、麻木了。那些技巧也终归只是技巧，也终归只是没有灵魂的"知道"而已了。有表达的内容和想要表达的欲望，远比表达技巧更重要。表达技巧可以很快学得到。但是，表达什么、想要表达的欲望以及敢于表达的自信，却需要很长的时间去尊重、去呵护、去聆听、去释放。

看见，不是形体上的看见，而是愿意走近一个人，凝视他，倾听他，跨过语言的千山万水，越过事物的重重迷雾，感受他此刻的心情，看见他内心发出的爱的呼唤，看见他想要与世界链接的渴望。

二

当孩子还小的时候，他们还无法很好地表达自己的感受、愿望和需求。他们的语言还不够连贯，他们的动作还不够协调，他们还不太能顾及社会规范，他们需要成人用心去感受、去包容、去引导、去链接、去看见孩子的本心。

文文20个月的时候，我带她去菜场买菜，她在卖菜摊子上剥了一个毛豆，有三粒。后来买完菜离开时我就说把剥出来的毛豆给那个摊主姐姐，我问她要。她说，我来我来，我说你够不着，她坚持我来我来，只能随她。那姐姐笑眯眯走过来，宝宝此时忽然扔了，三粒豆子散落在菜上。我能看得到两颗，感觉也没必要再捡起来给那个姐姐了。我自己觉得有点尴尬，就说，宝宝你怎么扔了呢？还好那姐姐也没拉长脸，笑了笑，转身忙生意去了。我问文文，你是想扔给姐姐，结果没扔准是吧？她点点头说是。后来我想了想，这里面是有意义的。就在摊主姐姐过来要接前，豆子扔了，因为文文意识到豆子是要给姐姐的，于是她就给了。她是用她的"意念"给的，她以为她想给就能给到的，她以为她给了，姐姐就能接到的。结果因为她是 20 个月不到的小宝宝，还不能很好地控制手部肌肉动作，也不能把握那个对接的时机，她还没能力"心里怎么想就能怎么做"。她想做，却未能准确完成。如果不是设身处地从孩子角度去看，这样一个时机巧合很容易被误读为"孩子调皮"：人家姐姐正要走过来接呢，你怎么就正好扔掉了呢？仅仅从表面上看，可能就会误读了小宝宝的行为；用心去感受，才能真正看见孩子的初心孩子的愿望以及她此时的局限，孩子的内心被看见了，她和妈妈和世界之间的链接也更深了。

文文从姐姐笔袋里拿出姐姐的笔，说是我的，这是我的。客观上这笔不是她的，如果父母为此而反驳和纠正她，"文文说得不对，笔是姐姐的"，这样的纠正和否认是没有用的，孩子依然会说，"这是我的"。因为父母没有听懂她的话，没有看见她真正想要表达的，所以她会继续重复。如果父母继续纠正和否认，孩子就会大哭。父母执着地想要改变孩子的所谓客观认知，孩子却委屈着父母根本不懂自己的心。当我和她说，文文觉得姐姐这支笔很好看，文文也想要，是吗？她就会点点头。这就是她真正想要表达的。

我说，"那你和姐姐说，姐姐，这支笔漂亮，文文喜欢，能不能给文文玩玩啊？"文文自己回答说，"能"。哈哈，依然是主观愿望的表达。

三

斯蒂芬·吉里根指出，孩子表面的行为会有欠缺，但背后的动力是没有问题的。父母们有必要区分孩子内在的动力和他满足动力的方式。内在的动力，比如他的需要、他的愿望、他的想法等等，这是孩子蓬勃的生命力的体现，源于他对世界毫不遮掩的爱和喜欢，这是没有问题的，因为生命本身是没有问题的。但孩子在表达愿望或者试图满足自己的过程中，由于视野、认知、经验等的欠缺，他们所采取的方式有可能会触犯到现实社会的一些规则，或者带来一些不利的后果。这时候成人该做的，是靠近、尊重、倾听孩子的主观世界，看见、听见他的感受和愿望，回应、满足，同时引导孩子看到现实的局限，也设想其他更多满足孩子需求的途径和选择。

然而，也不要让孩子从小就考虑得过于现实和实际。太过于现实就是一种限定。应该给孩子带来更广阔的视野，看到更多可能性，增加更丰富的体验。

　　人的学习、成长与成熟的过程，是看到更多可能性的过程，对待人、事、物可以有更多视角去解释，因而不再偏执，心理上更加灵活、柔韧、宽容、有弹性，也会更加有创造性。作为具有更多经验更高视野的父母来说，有责任洞悉孩子内心世界的秘密，引导孩子为自己内在的动力找到更适宜更优雅的表达方式。

　　说一说生活中被经常提到的"延迟满足"。成人没有必要在原本有条件及时回应及时满足孩子的时候故意延迟回应和延迟满足，并美其名曰借此来培养锻炼孩子的抗挫能力。实际上，我们所在的世界本身就有很多客观现实的局限，在条件不能立刻满足的时候，延迟满足就成为一种可以考虑的选项。在条件原本具备可以即时满足之时却刻意制造延迟满足，本质上是在玩弄、否认、批判孩子的愿望、感受和需要，这完全没有必要。不要说这是给孩子的生活演练，当成人一次次打击孩子愿望的时候，就是在一次次地增加孩子对自己、对成人、对世界的怀疑和失望。当这种怀疑和失望积累到一定程度时，我们将会得到两个不愿意看到的结果：一是根本上的，孩子失去了产生欲望、表达欲望的能力，无所欲、无所求，无所谓，怎样都行，听成人的，成人说了算；二是，就算有了欲望，他可能也不敢去满足，不敢去争取，不敢去奋斗，就算机会在眼前，他也可能无动于衷。因为在孩子从小到大的认知里，幸福和满足的感觉总是延迟的，总是不痛快的，总是经历着挫折的感觉。我想，美好的延迟满足应该是，成人的客观条件不具备，或者孩子的要求确实会对他有些伤害，我们在做了尊重、陪伴的工作后，为孩子提供延迟满足的可能性，扩展他的意识范围，增强现实性，而不是故意为之，甚至去否认、批判他的感受和需要。

四

父母作为和孩子生活在一起、与孩子亲密接触的人，理论上会对孩子更了解，比如会更了解孩子的性格、孩子的喜好、孩子表达的能力和方式等。这使父母比其他人更懂孩子，更知道孩子内心的想法和愿望是什么、孩子的行为和动作意味着什么，从而能够对孩子及时地回应、满足、疏导。

但父母绝对不能因为自己与孩子朝夕相处生活在一起对孩子更了解而使自己成为"了不起"的大侦探。自以为聪明的大侦探会说，"你不就是想……吗?""你以为我不知道?""你以为你能骗过我吗?""休想!"很多父母自以为聪明地看到了孩子的"小心思""坏心思"，终于逮到了。于是不放过任何一个进行"教育"的机会，或循循善诱，滔滔不绝，或语重心长，痛心疾首，或横加指责，极尽嘲讽奚落之能事。

看见孩子，是基于爱的。看见孩子是想靠近孩子，与孩子同频，给孩子真正的满足，给孩子提供支持和引导。看见孩子，绝不是去窥探孩子隐私，绝不是将孩子置于刺眼的光亮之中无可遁形，绝不是自以为看透孩子去羞辱孩子。

如果在成人的观念中，就没有孩子的一点秘密、一点空间、一点不堪，就想要把孩子的一切都看透看破看穿，这样的成人本身心理和人格都是有问题的。

一位大学生回忆起这样的往事："令人最反感的是，父亲对我的不信任，每当他问我问题的时候总是抱着揭穿我说话中的谎言的姿态，然后再拿出来和妈妈教育我一番，而且对我批评的时间一般都很长，令人很烦很反感。在人生这方面，我有时会特别害怕死亡的感觉，四周一片漆黑，听不见、看不见，什么感觉都没有，带来一种心慌、恐惧的感觉，这个世界上种种美好的光、感觉都没了，而且也没有人感到你曾经活过。"这个死亡的意象、这种心慌、恐惧的感觉，也许就是不被最亲的人信任、从不被看到的感觉吧！

父母是孩子最可信赖最可依附的人，因为有父母的爱，孩子可以放心大胆地进入、探索世界，和世界建立链接，对世界投入深情，为世界带来新的气象、新的活力。

4. 孩子的真正需求

儿童必须通过自给自足获得身体上的自立，通过个人自由选择获得意志的独立，通过不受干扰的独立工作获得思想的独立。

——蒙台梭利

一

不少父母会说，我们很爱孩子，为孩子付出了这么多，为什么孩子还是那么不懂事、不上进？

父母们付出了很多，太多的时候都是一厢情愿、自我感动，他们甚至连好好看一下眼前真实的孩子的兴趣都没有，就只是觉得，我说的很对啊，孩子怎么不听呢？我觉得这样做很好啊，孩子怎么不照着做呢？

《每个孩子都需要被看见》的作者认为，"实际上，满足孩子的需求或者给他们礼物，并不会真的毁掉孩子，真正毁掉孩子的，是忽略他们的真正需求。"所以，当父母们满腹委屈的时候，觉得自己为孩子付出了很多、很爱很爱孩子的时候，是否反思过自己看到真实的孩子了吗，是否知道孩子的真实需求？

很多人说，因为溺爱孩子，所以把孩子惯坏了。溺爱，并不是爱，只是父母一厢情愿的付出和自我陶醉的感动。从溺爱的这个溺字看，左边是水，右边是弱。溺爱，本身是有很多来自父母想象的东西，父母以为孩子需要但并不是孩子真正想要的东西，汹涌地扑向孩子，真的会让孩子有溺水般、被吞噬的感觉。但这并不是孩子真正想要的，所以根本上是父母的意志替代或削弱了孩子的意志，然后孩子变弱了，这就是所谓的溺爱。

所以，溺爱的本质是：成人看不见孩子真正的需求，一厢情愿地去满足成人想象中的"孩子的需求"，最终是成人的声音湮没了孩子的声音，成人的意志取代了孩子的意志，孩子的主体性被削弱了。但并不是说，否定了溺爱就可以转向严厉。溺爱的另一面不是严厉，而是看见。成人并不是一手拿糖，一手持棒，非糖即棒。面对孩子，我们最缺乏也最需要的能力是看见孩子的真实需求，满足孩子真正想要的，而不是给孩子"成人想给的"。如果看不见孩子，溺爱的糖就意味着"给孩子很多他不需要的"，严厉的棒则意味着"强迫孩子接受他不需要的"。那么，不管是糖还是棒，对孩子都是伤害。但如果能让孩子的真实需求引导着成人，有可能糖和棒都可以扔掉。看见孩子的真实需求并满足孩子，表面上也是"宠溺孩子、惯孩子"，但这种宠溺和惯是基于孩子的真实需求，是在增强孩子的主体性，所以是惯不坏的。

看见孩子，需要了解一个最基本的常识：父（或母）和孩子是不同的两个人，成人和孩子的世界也是不同的。

孩子和成人是不同的。"成人看到的是行为的外在目的，同时成人有着自己固定的行为模式，而这些是成人心智的组成部分，以最直接的方式在最短的时间内达到目的，这已经成为成人的某种自然法则，成人也的确将这条法则明确地称为'效益最大化法则'。"① 但孩子不同。孩子有一种与成人完全不同的心灵形态。成人"用自己的理智获得知识，而儿童是用他的精神生命在吸收知识。……儿童遵循着快乐和爱的途径，无意识地获得了一切。"② 如果我们说成人的心灵是有意识的心灵，那么孩子的心灵就是无意识的心灵。蒙台梭利指出，有意识总比无意识和潜意识有限。无意识的心灵可以充满智慧，无意识容纳了浩瀚的本能，受到自然律的指引。

二

关于孩子的需求和发展，蒙台梭利精辟地指出，"儿童必须通过自给自足获得身体上的自立，通过个人自由选择获得意志的独立，通过不受干扰的独立工作获得思想的独立。"③ 蒙台梭利认为，追求自由是儿童首先要遵守的生命规律。对于孩子的精神生命来说，第一重要的就是允许孩子按照自己特有的节奏行动，允许孩子尝试和犯错，尊重孩子独特的主观感受，让他拥有信任自我、肯定自我、支配自我、掌控自我的勇气和能力。如果对孩子的行为总是做出机械的条件反射

---

① 玛利亚·蒙台梭利：《童年的秘密》，霍力岩，李敏谊等译，北京：中国人民大学出版社，2008年，第102页。
② 玛利亚·蒙台梭利：《有吸收力的心灵》，第27—28页。
③ 玛利亚·蒙台梭利：《有吸收力的心灵》，第311页。

般的对错评判、表扬或惩罚，或者替代，孩子内在的力量就不能被激活。他于是变得总是要凭着外界的指令、外界的评判、外界的指导去行动，他变得迟疑不决，不知道自己该怎么做，担心会不会出错，感到自卑、沮丧、无能，孩子的活力和能量被封在了体内。

孩子突然而至的兴致和激情、异想天开的想法和提议、出乎意料的行为和活动，都不是无来由的。儿童体内蕴涵的生机勃勃的生命冲动、不可抗拒的生命本能，需要在现实世界的时空里去释放、表达、转化，儿童要去活动他的身体，要去操作探索物体，要去思考万物，要去爱其所爱。这是孩子的天性，也是孩子的需求。

顺应孩子的天性，看到孩子的真正需求，成人要怎么做呢？还是来听听蒙台梭利的建议。成人"要为自己的孩子提供有趣的生活环境，让他容易找到自己喜欢做的事；不要给他提供没有必要的帮助，如果他们开始认真做事，千万不要轻易干扰他们。"[1] "儿童的灵魂是我们服务的主人。当儿童表达一个愿望的时候，我们就要准备好去满足他。如果他在享受孤独，作为仆人的我们就不能侵入其中。但是，当主人召唤的时候，仆人就要立即去做他想让你做的。"[2] 成人看到孩子的真实愿望，并为他提供适宜的、自由的环境。这些从生命

---

① 玛利亚·蒙台梭利：《有吸收力的心灵》，第 221 页。
② 玛利亚·蒙台梭利：《有吸收力的心灵》，第 331 页。

最深处发出的能量被看到、被容纳、被承接、被疏导后，能量就流动起来了，为孩子的发展和成长提供养分。

如果成人看不到孩子的真实需求，就很容易以自己的意志压迫、侵入、吞噬孩子的意志。然而，"他人的意志很难让儿童产生有条不紊的行动，因为外在的影响不能为这种行动提供必要的组织。于是，我们可以说外在的意志使儿童的个性被分裂了，儿童因此失去了根据自己的本性来发展自己的机会。这就好比一个人乘坐热气球在沙漠着陆，然后他突然发现热气球被风吹走了！他束手无策，做任何事情都无法把热气球召回来，旁边也没有任何东西可以替代热气球。"[1] "一个活动与应该支配这个活动的自我毫无联系，而由另一个更大的自我掌握。这个外来自我的即使微不足道的动作也有着巨大的'俘获'力量，它几乎将儿童的个性从他脆弱的感官上生生剥了下来。"[2] 蒙台梭利举过一个生动的例子来说明成人的禁令很容易对儿童的行为产生约束力："一个4岁左右的小女孩单独和她外祖母住在乡村庄园里。这小女孩显然对花园里人造喷泉的龙头很感兴趣并想打开它，以便能看到喷水。但正当她要这样做时又突然把手缩了回来。她的外祖母鼓励

---

[1]　玛利亚·蒙台梭利：《童年的秘密》，霍力岩，李敏谊等译，第109页。

[2]　玛利亚·蒙台梭利：《童年的秘密》，霍力岩，李敏谊等译，第106页。

她打开龙头。但小女孩回答说：'不，我的保姆不喜欢这样'。于是这位外祖母试图说服她，对她说我允许这样做。一想到能看到喷水，小女孩既高兴又满意地笑了起来。她伸出手，但是并没有开龙头又把手缩了回来。并不在场的保姆的禁令比就在女孩身边的外祖母的邀请具有更大的约束力。"[1]一个不在场的保姆的命令的服从感是如此有力，以至于小女孩身边祖母慈爱的劝说也无法胜过这种遥控力。

三

父母之于孩子的重要意义，就是看见、满足孩子的真正需求，增强、扩大孩子的自我功能。

什么是孩子的自我功能？孩子通过接触、探索、体验，用眼睛看、耳朵听、嘴巴尝、鼻子嗅、心灵感知，与世界建立链接，与世界达成默契，学会从世界获取成长所需的能量，也释放能量给予世界，逐渐成为能够独立生存的、与世界和谐共处的个体。这样一个个体，他有自己的感受、想法，他逐渐知道自己需要什么、以什么方式获得、什么时候够了，他能辨别世界上的信息是危险的还是安全的。这样一个个体就拥有了生存于世的自我功能。

孩子自我功能的完全发挥，需要一个过程。一开始，他

---

[1]　玛利亚·蒙台梭利：《童年的秘密》，马荣根译，单中惠校，第100页。

的眼睛、耳朵、嘴巴、鼻子和心灵都是不够完善的，还不足以在这个世界上好好地生存。父母作为成年人，需要去扶持、支持、增强、扩大孩子的自我功能：在他还没有能力办成一些事的时候，需要父母去扶一把；在他的认知还有限的时候，扩展他的视野。但绝对不是包办、替代、打压。这个过程中，诚如蒙台梭利所说，儿童需要的是身体、意志和思想的独立。他们必须自己去尝试，并拥有犯错的权利；他们必须有自由选择的权利；他们必须拥有属于自己的、不受评判不受打扰的空间。

一个简单的例子，幼儿见到陌生人，他用自己的身体和心灵智慧去感受，在还没有建立链接和信任的时候，他对陌生人的亲热是抵触的。但成人经常会让孩子喊"叔叔""阿姨""爷爷""奶奶"，孩子对于陌生人的抵触被成人视为"不懂事"，认为叔叔阿姨爷爷奶奶摸你亲你是喜欢你。这时，成人的所谓引导和指责就干扰了孩子对于周围环境的感知和反应。由于成人对孩子的压倒性优势，孩子往往会怀疑自己的感知和反应。在成人不断地干扰下，孩子逐步丧失了自主判断、选择和行为能力。在很多熟人猥亵儿童的案件中，孩子明明受到侵犯，却接受了坏人的哄骗认为是在接受疼爱。他们的身体虽然觉得不舒服，已经响起警报了，但他们却不敢相信自己身体的反应，只会依赖他们生活中重要他人的哪怕不在场的指导。如果成人不断去纠正、否认、指导、指责、评判、替代孩子的感受、想法、选择和行为，孩子会逐步丧失自身对于外界敏锐的感知和反应，丧失身体和心灵本身的智慧。他将不再信任自己的自发性，而变得小心翼翼、不知所措，处于自发的感知反应与外界评判指责的分裂之中，天生智慧的自然之子——孩子，最终成为被无知却自以为聪明的成人毁掉的无用之人。

当成人觉得是为孩子好的时候，有必要反思一下：这个好，是在增强、扩大孩子的自我功能，还是只是短期来看有好处、有效益，但本质上却削弱了孩子的自我功能？小孩子还不会熟练吃饭的时候，确实比较慢，会把衣服、餐桌、地板弄脏。成人去喂她，可能会觉得自己付出了辛劳，自己饭都不吃来照顾宝宝，而且给宝宝喂饭也能保持衣服、餐桌、地板干净整洁，认为是好事，但这样做却剥夺了孩子自己动手的权利，削减了孩子的自我功能。生活中，替代孩子做决定，生怕孩子犯错而预先为孩子指出成人自己认为对的做法和路径，本质上都是在削弱孩子的自我功能。成人，需要俯下身子，看到孩子的世界，看到孩子的真正需求，真正以孩子为指引，而不是陷入成人自己的世界里让自己的思维方式、观念和意志取代孩子的感知和思考。

幼小的孩子经由父母的扶持、引导，自我功能慢慢完善，逐渐开始独立面对外面的世界。父母也学会放手，让孩子尽情享受自己的人生。

然而，孩子成长得再好，也依然会有不胜任会有面临困难的时刻。终其一生，每个人都是孤独的，都是不完美的。幸运的是，在遇到痛苦、挫折，在遇到看起来难以逾越的黑暗的时候，我们会想起父母给予的爱和温暖，就像小时候去打针很害怕但父母把我们搂在怀里安慰那样，就像走路歪歪扭扭但父母张开双臂随时在身边保护一样，这种永存心底的爱，让我们即使脆弱也能勇敢，纵然哭泣也会向前。

四

人们看不到孩子的真实需求，不能基于孩子的需求去解决真正的问题时，就会搞一个"假"问题出来。我们通常对盲人摸象这个寓言的解读是这样的：每个人看到了问题的一部分，大家的角度综合起来就有助于真正地理解事物。但是不要忘了，摸大象的人都是盲人，都没有看到真正的大象，他们就永远是围绕着一个不真实的事物在讨论。看不到真问题，假问题就会层出不穷、五花八门。人们创造出假问题后就开始围绕假问题去寻找解决办法，并且以为许多假问题合在一起便是真问题。但遗憾的是，真问题却一直没有被发现，哪怕它已经被表达，但不愿意看到的人还是看不到。人们就是这样活在自以为是的世界，哪怕彼此距离如此之近。

很多所谓的问题，其实只是刻板信念造成的。我们有时候因为头脑中所持有的一个刻板信念而觉得有些事是个问题。反思这个信念，也许会发现所谓的问题并不存在。直面事实，有可能会提出一个真正的问题。比如孩子玩水，如果我们认为孩子玩水会弄湿衣服会感冒，孩子不该玩水，那孩子玩水对我们来说就是一个问题。我们致力于解决这个所谓的问题，怎样不让孩子玩水，骂他训他评判他不乖不听话。这样违反了孩子的天性，解决这个所谓的问题就很难。如果我们反思一下头脑中的想法：孩子真的不该玩水吗？嗯，也许不是这样。玩水是孩子的天性，孩子玩水是正常的，教育就要顺应孩子天性，提供条件，我来看看怎样让他玩得更嗨更有趣？这个问题是真问题，解决起来也并不难。

　　网络上一位孩子因为把蛋糕和水混合在一起而遭到妈妈严厉的批评教育。

　　妈妈："没想到这么调皮，走开点！"

　　孩子："妈妈。"

　　妈妈："妈妈不生气，妈妈不生气才怪呢！"

　　孩子："妈妈，求求你，原谅我吧！"

　　妈妈："原谅你？哪里没做对？你告诉我哪里做错了?！"

　　孩子："蛋糕，弄那个……弄那个蛋糕。"

　　妈妈："那个水是拿来做什么的？蛋糕是用来做什么的？"

　　孩子："用来吃东西的。"

　　妈妈："要不要用钱买？"

　　孩子："要。"

　　妈妈："蛋糕和水放在一起怎么弄？你把它吃掉。"

孩子："妈妈。"

妈妈："别吃别喝你今天！"

孩子："妈妈。"

妈妈："别喊我，我不配当你妈，你也不配当我儿子。"

孩子天生爱探索，爱玩，这是一种很宝贵的品质，但母亲却没有看到。因为看不到，所以无法顺着孩子的天性去回应他。母亲只能在自己看得到的、自己认为重要的维度上回应孩子，"教育"孩子。事实上，被孩子"浪费"掉的蛋糕和水并不是什么大的事情。实在觉得心疼，就和他说，妈妈觉得有点浪费了，下次可以少用一点蛋糕。

我们只能看到自己看得到的东西。当我们拥有更广阔的视野和更多元的思维时，对于"问题"的看法就会不一样了。那些原来认为是"问题"的事儿，也许根本就没事儿，甚至是好事儿。

成人善于用各种各样"正确的""权威的""专家的""主流的"教育箴言和育儿理论武装自己的头脑，善用各种教条、理论从表面上去解读孩子的行为。然而，理论只是给父母提供一种视野，让父母更好地看到孩子。看不到真正的孩子，拿再好的理论去套孩子，对孩子都是伤害。

5. 孩子是浪漫的

成人和儿童之间的矛盾主要是效率与浪漫之间的矛

盾、我的意志与你的意志之间的矛盾。成人受伤于其经验被蔑视为世俗和无用的，少年则愤怒于其生命力被嘲讽为幻想和冲动的。

一

孩童时代可能蕴含了人类所有的幻想、激情、创造、专注和纯粹。成人丢失了这些天赋和美好，他们叹息着，遗憾着，伤感着，期待着能够再次拥有。

可是，当这些美好再次出现时，成人却并不认识了。当孩子发出自己的声音，表达自己的愿望和想法，这就是勇敢、无畏；当孩子们心无旁骛地玩耍、游戏、看书，这就是投入、专注；当孩子说出自己的理想和美好愿望，这就是浪漫、纯粹……然而，成人忽略了，漠视了，轻看了，不在意了，不认识了，甚至害怕了。成人头脑里有很多很多禁令，很多很多规定，很多很多现实，很多很多考量，很多很多担忧，"这孩子这么想，多天真啊！到底是没有经历过社会的孩子，不知道社会有多残酷，有多现实！这样傻气到社会上是要吃亏的！""孩子不懂，我得教他，不能什么都依着他，要考虑现实。"

成人这样想，真的也无可厚非。孩子有冲劲，有激情，有幻想，就是我们常说的"初生牛犊不怕虎"。我们担心孩子这样的勇敢无畏缺少现实考量，会伤到自己，伤到别人，所以想要给予提醒，想要出手保护。不过，当我们觉得自己是出于善意保护孩子的时候，需要有这样的觉知：

（一）孩子的需求、想法、愿望、激情等都是好的。这些需求、想法、愿望、激情从本质上讲，是孩子和世界之间天然的、纯粹的链接。它不是不合理不应该的，只是因为现实有局限，可能暂时实现不了。成人要看见、承认、尊重、甚至欣赏这样自发的喜欢、吸引、执着、纯粹。在这样的前提下，和孩子一起来看看现实的一些情况，满足和实现这样的愿望和想法是否可行，是否还有其他的可能性和途径。成人和孩子的共同目的是为孩子的想法、创意、需求、愿望、梦想找到出口，分析目前客观上拥有的资源、现实的局限、可拓展的途径以及可预留的空间。即，致力于解决问题，而不是当这个问题不存在，忽略、无视、不屑、嘲笑孩子的问题、想法、需求和愿望，更不是评判它们是不应该的、不合理的甚至引起孩子的羞愧和羞耻。成人不要把自己满足不了孩子的羞愧和羞耻通过评判孩子的需求转嫁给孩子。

（二）成人在分析现实的局限、可能的途径时，要意识到成人自身也是有局限的。叔本华曾说，每个人都把自己眼界的极限，当作是世界的极限。所以，成人何以觉得现实的局限就是自己认为的那样？何以觉得孩子的一种想法一种愿望是行不通的？世界并不是指向一个确定不变的状态，世界是无限扩展的，具有无数可能性，这些可能和未来甚至存在于人类的想象和认知之外。成人们，具体到每一个成人，都是有局限的，甚至有很大很大的局限。那么，成人基于自己的经验、自己的认知、自己的眼界所认为的"现实的局限"，很多时候并非现实真实的局限，而只是反映了成人自身的局限。正是在这个意义上，成人需要保持对自己的觉知。如果成人对此毫无觉知，自恋地从自己的经验、认知和眼界出发，武断地下结论，"这不可行""那不可能"……那么，成人就成为了孩子自发能量的破坏者，激情梦想的摧毁者，让自己原本想为孩子好的美好愿望成了孩子自我成长道路上的障碍。成人有必要觉知到自己的局限，不管是孩子的成长和发展，还是世界的变化和趋势，都是自己不能完全掌控的，都有自己不能预测和想象的空间，都可能在自己的认知和理解之外。如此，我们才会在这样的新生命和大能量面前保持谦逊，保持敬畏，该退后时退后，该闭嘴时闭嘴，该学习时学习，该等待时等待。成人在面对孩子时，一味地干涉和唠叨，暴露的反而是无知；明智地退后和闭嘴，需要的是觉知和智慧。

孩子是浪漫的，所以成人也不必太过于现实。

"妈妈，我想要月亮。"

"宝宝喜欢月亮，想要和月亮做好朋友，是吗？月亮出来的时候，我们可以和月亮说话，和月亮玩躲猫猫，好不好？"这是听见了、看见了孩子主观愿望的表达、想要和世界链接的初心，理解了孩子世界的浪漫。

"哈哈，这孩子净胡说，月亮在天上呢，妈妈可没本事摘下来。"这是成人只听到了孩子表面上的话语，用成人世界的现实和世俗予以衡量。

孩子是浪漫的，一个浪漫的人是受不了别人的轻视、敷衍和嘲笑的。孩子们需要被郑重对待，当孩子们感受到大人们的善意，他们自然也会理解客观现实的局限和大人们的困境。

然而，人们却很难俯下身子，认真看着孩子的眼睛，郑重对待孩子的声音，感受孩子的浪漫和有趣。

二

"爸爸妈妈，我想和你们谈谈春天的花，夏天的风，秋天的落叶，冬天的白雪，谈谈生命的美好和感动……"

"作业做了吗？这次考试第几名啊？"

成人与孩子关系中的最大问题，我想就是这个：缺乏倾听，缺乏看见，缺乏真正意义上情感的交流。孩子想什么，喜欢什么，关注什么，需要什么，成人根本就没有兴趣没有耐心去听，去看，去了解，去关心。成人只关心自己的世界：物质、利益、效率、效益，可以量化的东西。这些让他们心安。所以，很多时候成人是在自说自话，对孩子没有回应，因为他们根本听不见孩子说了什么。成人就只说些自己想说的，和孩子的话八竿子打不着，就只想把自己的意志和想法披上"对你好""爱你"的外衣强加给孩子。

在世俗的、实用的、功利的东西还没来得及入侵儿童的世界时，儿童的世界是清澈澄明的，是无拘无束和充满诗意的。儿童更注重世界对于个人的意义以及我要向世界表达什么，这样的表达更带有个人的主观性和独特性，也因此更具有勇气、美感、创造性和生命的力量。儿童将自身融入世界，在与世界的融合和对话中，生命有了情感，有了意义，有了灵魂。

我们作为父母，作为教师，作为教育者，不仅要意识到自己和孩子是完全不同的两个人，还要意识到自己和孩子是两个不同世界的人。孩子的世界是浪漫的、纯粹的、诗意的、情感的，是主观意识和生命本能更为强烈的；成人的世界则更加务实，更注重客观、效率、效益和结果，更注重看得见的事物和可以量化的数字。两个世界有交集，但更多的是不同。这种不同，是好事。两个不同的世界相互支撑、相互尊重、相互欣赏、相互启迪、相互哺育。

但当成人认为自己的世界更好、意图让孩子的世界听命于、服从于自己的世界时，矛盾和冲突便产生了。这种矛盾和冲突的剧烈程度和双方意志的强烈程度成正比：双方的意志都很强烈，则矛盾和冲突最为剧烈，甚至堪称惨烈。

孩子们对于需求和愿望的满足有一种近于执拗的固执。这大概是长大以后一个人对于理想对于热情能够坚持不懈的最初动力。然而，成人们往往大大地小看了孩子们的意志和坚持。这种大大的小看和轻视，使得成人在试图轻而易举地贯彻自己意志的时候或者在试图三言两语消解孩子们意志的时候，遇到出其不意的困难和障碍。如果成人不能及时地反思和调整自己的评估，就要做好进入"持久战"的准备。很多时候就因为轻视了这个小小人儿的意志和坚持，使得原本一个小事情变成了大问题。

除了坚持，孩子们当然也会妥协，也会配合。在感动于孩子的妥协和配合之时，成人最好要做好自己作出更多妥协和配合的准备。谁让我们是成人呢？

6. 我不要你觉得，我要我觉得

大人们觉得轻飘飘的事，小孩子却觉得很重要，很重要，很重要。倘若孩子的声音能被大人郑重对待，则此大人几乎一定能被孩子视为知己。

一

有一次，从上海回来的车上，我在前排副驾驶位置，霖霖和文文在后排。霖霖拿起一个盲盒娃娃打开，文文说让她来打开，但霖霖自己打开了。于是文文哭了，后来就一直哭，越哭越厉害。我坐在前面，只能回头安抚她，再给她另一个娃娃让她打开，不理，还是哭。姐姐问她是不是不想系安全带了，说帮她松一松，摇头不肯；我又问她，是不是坐太久了想下车啊，想妈妈抱啊，不管，就是哭。到地方了，抱下来，还是各种挣扎各种大哭，怎么转移注意力也不行。

后来，我问她，"是不是姐姐不让你打开娃娃？"

她说"嗯。"

"文文想自己打开娃娃，姐姐没有让文文打开。车里还有一个娃娃，文文自己去打开好不好？"

"嗯。"

于是，去车里拿出另一个没打开的娃娃，稍微协助一下，她自己打开了。这才算是安静了。

有时候，一件事情违背了她的意愿，她就哭了。然后我会自以为这事没什么，开启各种转移注意力法、替代满足法等，但都不行。搞到最后我生气了，你这个宝宝怎么了呀，到底哭什么呀？怎么哄你都不行，你到底要干嘛呀？真难搞，好烦，太折磨人了！

人家宝宝要干嘛？父母真不是在揣着明白装糊涂，父母是真不明白。

这种不明白本质上是因为父母的轻视：轻视了小宝宝意愿的表达，也低估了小宝宝对意愿的坚持。

宝宝一开始是表达了她的意愿的，"我想打开这个盲盒"。但问题是小宝宝人微言轻，更不用说还有的小宝宝可能还不会用语言表达，父母不重视啊，左耳朵进右耳朵出，听了只当没听见。父母是真的以为宝宝表达的意愿不那么重要，潜意识里就认为"盲盒谁开都是一样？""只要打开不就得了？"

但小宝宝再小，也是个人儿呀。她发出自己的意愿和声音，执着地想要满足和实现。"自己打开盲盒"这件事就算效率不高、甚至大费周章，但对于小宝宝自己来说却具有重要意义。眼看自己的声音丝毫不被重视，宝宝为之大哭起来。她用哭声——大大的哭声、持续不断的哭声——抗议大人的不以为意，抗议大人的不懂。直到大人懂了，她才安静下来。不幸的是，就算有的大人一直不懂，很多小宝宝最终也能安静下来，但那是因为麻木和绝望。

父母丝毫不觉得重要的事，对于小宝宝来说，却是真正天大的事，至少在某一时刻是的。小宝宝的心里话是这样的：

"我不要你觉得，我要我觉得！"

"我不要你觉得这对我是一件小事，我觉得这是一件很大很大的事，它对我很重要！至少在那时那刻这事就是很重要！"

小宝宝在呐喊："我觉得那件事对我很重要！""我们有不同的立场！""希望你能考虑我的感受！"

哪怕所有人都觉得或者客观上事实上这事真的不重要，但这些"所有人""客观""事实"对小宝宝来说并不起作用。当下的宝宝，当下的事件，当下的宝宝发出的意愿和坚持，就是当下最重要的事实。

二

宝宝们小时候，人虽小，但想要自己做事想要亲自尝试的愿望却是强烈得很，"我来""我来"成了他们的口头禅。但小宝宝们往往又不一定能成功，比如他们想要自己穿袜子、穿裤子、穿鞋子之类，但很多时候能力还不够呢，他们不能成功如愿。大人有时候也等不了了，"我还等着出门呢""我还有事呢""赶紧赶紧地""我帮你穿上吧"……于是，三下五去二，火速帮孩子搞定了，可是娃不干了，哭了。

我曾在小区门口看到一对母子，儿子三岁的样子，两人僵持在那里。我好奇地问了一句，怎么不走呢？妈妈说，他要自己开门，我帮他开了，他就不走了，就是不出去。

大人们说，哎哟哟，小宝贝，不就穿个袜子、开个门吗？袜子穿上不就得了？门开了不就得了？多简单一个事，大人分分钟搞定了，非得你自己穿，非得你自己开？多浪费时间呀！大人们都还有事呢！

小宝贝们如果能表达，他们可能会说，我想去做的这件事（自己打开盒子，自己穿袜子，自己开门……）对我来说很重要！很重要！很重要！

成年人觉得一件事不重要，那只是成人的立场。成人考虑问题的角度更多的是结果取向、效率优先、利益至上。他们会更多地思考：结果是怎样的，有没有好处，是不是最优化？但小宝宝们看起来就没有太多现实的、功利的、琐碎的考虑和顾忌。他们更像是有情怀的、浪漫的科学家、诗人、艺术家，有着富可敌国不为稻粱谋的爹妈，任由他们尽情地挥霍、恣意地探索、慢慢地度过悠悠的岁月。

　　成人和儿童不同的思维模式，类似于科技的应用研究与基础研究的区别，都是社会发展所需要的。成人需要看得见的结果和效益。儿童这种慢慢探索独立尝试的行为表面上看起来没有效率和收益，但实际上不仅仅对儿童自身的发展有益，更是人类未来创新的基础。

　　童年时光是需要被"浪费"的，孩子们会花很多时间在一些看起来不仅无用而且还给成人添麻烦的事情上。孩子们浪费时光、浪费食物、浪费材料、浪费金钱……他们会说"我想自己洗袜子"，然后作为成人的你就要承受他不仅没把袜子洗干净还会把自己身上弄潮湿的麻烦；他们会拿食物做"实验"，各种混合、搅拌；他们看上某样玩具执意要买，玩了几次就被弃之一边……可是，在这样所谓的"浪费"里，时光仿佛悠长而又质感，事物似乎有了无数蕴意，作为万物之灵的人类个体是那么自主自信。儿童不会想从时光里换取一些什么，他们在时空里是自由自在的，他们对世界可以有无限畅想。成人之后，我们有了时光的紧迫感、事物的匮乏感和自身的羞耻感，开始瞻前顾后、衡量算计、欲言还止，压缩了时光的维度、缩减了事物的蕴意、看低了自己的天赋。

　　在孩子年幼的时候，成人需要适当地把结果、效率、效益放在一边，把立场放在一边，把"我觉得"放在一边，认真对待孩子的"觉得"。真正把孩子觉得重要的事放在心上，能满足就满足，不能满足也要诚恳说明原因，那孩子一定能接收到满满的善意和深深的懂得。

轻视、不屑、不懂、敷衍、无视孩子的感受、需求和想法，会让孩子感到愤怒、失望、沮丧、无助和疯狂。

7. 哭声是内心的放大器

因为不大声喊，父母就听不见。

——河合隼雄

霖霖上三年级时，有一天早上她没有像平常那样按时起床。我去问她，她说有点不舒服。看她这个架势，应该是今天不想或者说不能去上学了。但我也不太可能说，那就不去上学了。我已经承受了很多次其他家人对我宠孩子惯孩子这样的指责了。于是我说，那要么先起床，看看情况，待会能去就去，不能去就不去。后来，不太记得是当我再次这样说，还是其他家人也如此劝说的时候，孩子就哭了。

她为什么要哭呢，而且越来越激动委屈？她今天感觉身体不舒服，心里是不想去学校的。如果她是个成年人，就可以自己决定去还是不去。但她是小孩，父母还要审视衡量，有没有严重到不去学校？再忍忍行不行？就这样就不去了？说白了就是我们大人不相信也不尊重她的感受。所以她需要把她的感受放得很大，甚至需要夸张点表达出来，大人才能看到她的感受，才不得不相信她说的话，才不得不同意她做的决定。

当孩子说出自己的感受时，父母应报以信任和尊重她，让孩子知道自己的感受可以大胆说出来，父母是相信的。而不是当她说出自己的感受和想法时，父母一脸的质疑、反驳、否定，让她拼命去解释。说到底，每个人都有自己的感受和想法，这没有道理可言。如果一定要另一个人去证明自己感受和想法的合理性，这里面就存在着权威和控制。

家庭里，如下的情景模式会经常发生。

第一步，成人先是"肆意妄为"，误解、戏弄孩子，或者孩子把自己的感受和想法说了很多遍，成人还是不愿意听懂孩子的意思，不愿满足孩子，非要和孩子的真实意愿反着来不可。

第二步，孩子被误解，或者真正的意思总是不被理解，必然要加大声音表达或者反抗。

第三步，成人反过来指责孩子：你怎么那么大声音，你不会好好说吗？怎么乱发脾气？对父母怎么这么说话呢？于是，成人转而给孩子讲一堆道理。总之，对成人来说，去听到孩子真正的想法、意愿和需求，是一件很难的事。

成人："宝贝，把这个鸡蛋吃了。"

孩子："我不吃了。"

成人："鸡蛋有营养，要吃的。"

孩子："我吃饱了，吃不下了。"

成人："你现在正长身体呢，不吃怎么行？乖，来吃。"

孩子（声音略大）："我真的不想吃，吃饱了，吃不下了。"

成人："再吃半个吧！"

孩子（提高声音）："我不吃了！"

成人："不吃就不吃呗，那么大声音干嘛？说话不能好好说?！"

成人完全听不到孩子在说什么，或者就算听到了，也觉得孩子的表达根本无关紧要，心里想着，"小孩子懂个屁"，"鸡蛋这么有营养，一定要吃的呀！"成人头脑里有很多自认为正确的道理和教条，根本不能对眼前这个孩子真实意愿的表达加以郑重对待。成人也许真的没有意识到就算一个小小的婴儿也有自己独立的灵魂，也有自己的真实意思表示。他们不知道，小婴儿的意愿和声音的表达是纯粹的、真实的，是来自身体的、内心的、生命的、大自然的最高律令。

不少成人确实挺自我中心的，他们好像屏蔽了孩子发过来的声音和意愿，却孜孜不倦、百折不挠地想要孩子顺从自己的意愿。成人们先是耐着性子温和地讲道理，循循善诱，谆谆教导，若不见效的话就翻脸了：要么威胁孩子"那我不管你了"，要么诅咒孩子"不听话有你吃苦的时候"，要么羞辱孩子"就你这样子，谁会喜欢你"。这时候孩子的心理阴影面积有多大，成人是无暇顾及的，他们自己还觉得委屈万分呢，"我都是为了孩子好，怎么孩子就是不听呢？做父母真是太难了！"此时的成人，不仅未能意识到真正的问题所在，反而还幻想孩子大点了就能理解自己的"好意"。成人这么执着地希望孩子能够看到和理解自己的心，怎么就想不到孩子也是多么希望成人能够听一听他的内心想法。

很多时候，孩子的哭或发脾气是一个放大器，是在放大内心的声音。自体心理学家科胡特认为，人的攻击性是没有被共情性回应的产物。孩子也许年龄太小不能表达，也许间接的表达了，也许郑重表达了，但都没有得到正视和回应，他的表达和声音被忽略了、误解了、歪曲了、否定了、评判了、压制了。于是他需要放大他内心的声音，请大人们郑重对待。不过，很多时候，孩子过于天真了。大人们不仅听不到他内心的声音，也听不懂他外在的声音，他们嫌他吵闹，让他安静，指责他乱发脾气，威胁他再哭下去就会打他。

有些人不太能够从容的表达自己，总是显得有些迫不及待，语气里有一种不被理解奋力争辩的急切。之所以如此的一个重要原因在于，他没有被好好地倾听过，没有人认真地、全心地听他说过话，给他回应，他的声音要么被忽略、敷衍，要么被评判或误解。他觉得自己在别人面前什么也不是，根本不会有人在意他，没人会好好听他讲话。一个不被好好看见、好好听见的人，他会很急躁，他急切地想要把话说完，甚至磕磕绊绊，词不达意。他担心如果信息没有尽快说全就会被半途打断和评判。他的声音有点大，有点激动，看起来不会好好说话的样子，他认为不会有人好好听，好好在意他说的话，所以他提高了声音，想以此引起其他人重视：好好听着我，看着我，不要打断，不要嘲笑，也不要评判，认真地听我把话说完。

8.道理有多深，心就有多远

> 所有急赤白脸地争辩，一本正经地上纲上线，都是因为没有爱：担心自己不被爱或者不够爱对方。有爱就能低头，有爱就能认怂，有爱就能噗嗤一笑。

一

有一天晚上我和霖霖出去拿快递。在路上，她抱怨说，妹妹太小气，我的滑板和轮滑都给她玩，还让她进我房间，可她扭扭车都不给我坐，真小气！

听了她的话，我就开始说教了。我说，你觉得妹妹懂事了吗？能和她讲通道理吗？我还自以为说妹妹不懂事能安抚姐姐呢。听了我的话，霖霖辩解说，她懂，能讲通。我还继续说，她不懂事，讲不通的。然后霖霖就哭了，说你总为妹妹说话，觉得是我的错，你们真讨厌！我不理你了！！看看吧，当你没有倾听、没有看到和回应她的感受时，再高级的道理、再动人的说辞都是在否认她的感受，都让她觉得她错了，她不该有这种感受！

我一直从书本上、从很多课程中知道，要设身处地站在孩子的角度去感受孩子的感受，去体会孩子的心情。而且我自己也常常有内心感受不被理解反被说教的郁闷。可轮到自己这里了还是很难做到，我还自以为说"妹妹不懂事讲不通道理所以不要和小妹妹计较"是在安抚姐姐，但却还是没有靠近她，仅仅去承认她的感受就做不到。霖霖真是给我上了生动的一课！

人本主义心理学大师罗杰斯这样描述一个人对于另外一个人话语的反应："对于从别人那里听到的大多数陈述，我们的第一反应就是对此作出直接的评价或判断，而不是去理解它。当一个人表达了某种感受、态度、信念，我们倾向于不假思索地认为：'那是对的''那是愚蠢的''那是不正常的''那是不合理的''那是错误的''那是不友好的'。我们很少容许自己去仔细地理解他的陈述对他本人来说究竟有什么意义。我认为，这是因为理解会带来风险。如果我让自己真正去理解另一个人，我或许会被那种理解所改变。我们都害怕改变。"[1] 当我们听到别人的话语时，我们擅长的是评判，是从自己出发去判断对方的话是否符合所谓的客观事实，并急

---

[1] 卡尔·R. 罗杰斯：《个人形成论——我的心理治疗观》，杨广学，尤娜，潘福勤译，北京：中国人民大学出版社，2004年，第17页。

于表达自己对"事实"的看法和见解，去捕捉对方的话语之于我们的意义，却很少能够放下自我去理解他的话对于他自己意味着什么。

和孩子朝夕相处了这么久，我想我应该是能够体会到霖霖的心情。妹妹的到来分走了妈妈很大的精力，因为妹妹还小，有时候妈妈还会护着她。霖霖难免委屈，难免会有妈妈不再独属于自己的失落。她和妈妈说这些并不是想妈妈去评理，只是想让妈妈稍微为她说说话，站在她这边，安抚她作为孩子的小心思。她可能要确认的是，妈妈是不是和她好？妹妹有错，妈妈是不是能站在她这边为她讲讲话？妈妈一开口就讲道理，直接就等于否认了她的感受，让她感觉她是错的，她不该有这种感受。

讲道理，就是把孩子往外推。而感受孩子的心，则是把孩子拥入怀中。是否能试着不要把孩子往外推，试着握着她的手，抱抱她，感受她此刻的心情？哪怕我暂时还没有能力很好地共情她，也可以试着重复她的话，"嗯，你把滑板和轮滑都给妹妹玩，还让她进你房间，可她扭扭车都不给你坐，你觉得妹妹很小气。"这样的重复即使没有深入到孩子的内心，至少也是承认了、看见了孩子的感受，是和孩子此刻的感受待在一起的。而我试图讲道理就是在说，我不关心你内心的感受是什么，我不关心你真正想要表达什么，我觉得你说得不对做得不对，妹妹还小还不懂事，你没必要和她计较，我要纠正你。

可是孩子听到这些话，只会觉得更加郁闷和委屈了。

一次，文文和姐姐还有姐姐朋友玩。她跑到姐姐床上，姐姐朋友生气地喊她下来，说把她们正在收拾的床给弄乱了。文文傻乎乎地没理会，躺在床上。姐姐朋友还在绷着脸生着气，姐姐看到文文萌萌哒可爱样子，忍不住噗嗤笑了，上前去搂着文文，对着她耳朵不知说了什么悄悄话。到底是亲姐，没有那么多你对我错，可以上一秒闹，下一秒就好。有爱，就能妥协，就能低头，就能认怂，就能"噗嗤一笑"。

喜欢胜过所有道理，爱里没有对错。所有急赤白脸地争辩，一本正经地上纲上线，都是担心自己不被爱，或者不够爱对方。

所有的道理和争辩，都是在证明：我是对的，我是好的，我是爱你的或者我是值得你爱的。如果我们对爱与被爱都有底气，就不用去证明了，就能给出一个拥抱和微笑了。

二

电影《那些年，我们一起追过的女孩》中，有一个情景给我留下了很深的印象。是柯景腾举办"拳击比赛"后，沉浸在比赛兴奋中的柯景腾和一脸凝重已经生气的沈佳宜的对话。

柯："刚刚比赛结束的时候，我都没有看到你，我还以为被打昏了耶。你刚刚有看到那男的吗？他超厉害耶，我一直闪不开他的脚。"

沈："很好玩吗?"

柯："还不错啊,你来看,我超开心的耶。"

沈："我问你,很好玩吗?"

柯："干嘛啦?"

沈："你办这什么奇怪的比赛啊,你办这比赛的意义到底在哪啊?"

柯："你不觉得很炫吗? 两个男人之间,一定要分出胜负那种。"

沈："还不就是打架?! 柯景腾,你特地办一个比赛把自己搞受伤,你怎么会这么幼稚啊?"

柯："幼稚?"

沈："对,就是幼稚,很幼稚。我问你,你办这种奇怪的比赛,到底让你学到什么?"

柯："学? 不见得做什么事都一定要学到什么吧?"

沈："至少让你学到了,办这种比赛会受伤,而这种受伤一点必要都没有,你真的很幼稚。你身上的伤,我只能说是你活该。"

柯："我幼稚? 你知不知道这格斗赛对我来说是很棒的经验啊! 你可不可以单纯地替我高兴就好啊!"

沈："你以后还要办这种比赛?"

柯："当然要办啊? 为什么不办?"

沈："幼稚!"

柯："你为什么总要否定对我很重要的东西啊?!"

沈："对你很重要的东西，竟然是让你伤害你自己吗?"

柯："对啦，我就是幼稚，才会追你这种努力用功读书的女生，我就是幼稚，才有办法追你那么久。"

沈："那你就不要追啊!"

之前看这种电影，如果男女主角最后不在一起，我会久久不能释怀。随着年岁渐长，也没那么多纠结了。尤其是，这部电影里的这个情节，让我很笃定地觉得，柯景腾和沈佳宜确实不适合在一起，两人根本不是一个频道的。喜欢玩、喜欢体验生活的男主角怎么能受得了女主日复一日的道理和唠叨呢?

两人之间的对话像极了一个兴冲冲的孩子被父母师长迎头泼了一盆冷水。这样的对话实在是太常见了。当孩子为成绩高兴时，大人来一句，"不要骄傲，骄傲使人落后，谦虚使人进步"，立刻将孩子扯离当下的感受，陷入对未来的焦虑。孩子也不断失去外界的回应，弱化自身的体验，加深对头脑的依赖。然后的然后，孩子可能就再也骄傲不起来了，孩子丰满的体验和情感慢慢削弱，他真正的自我也要逐渐地失去了。

对于很多人来说，不管对方表达的是快乐、喜悦、还是担心、害怕，回应一下对方当时的心情和感受是非常非常难的事。我们可能害怕陷入到某种情绪里被情绪控制了，所以要急于脱出身来，跑到远远的地方摆出应战的姿态。这样做，我们不仅仅是排斥了情绪，更是排斥了拥有情绪的人。由衷地体会欢喜和忧伤，我们会得到爱和更大的力量。

三

要倾听、看见另外一个人，要和另外一个人的心链接，首先要放下自己的所有想法，放下自己想要表达、引申、辩解、说服、批评、引导、安慰、控制、改变等等的冲动，放下自己如鲠在喉的那些东西。把自己的东西统统先放一边，先放到心里的一个位置去，别让它们蠢蠢欲动。把自己的头脑放空，不要再思索对方话里的对错，不要想找出与之相反的证据和事实，不要费心去思考可以给对方哪些有益的建议，不要斟酌自己能给出什么非常棒的回应。先不要思考，只是去感受，无条件尊重对方所描述的对他而言的事实，深切体会这些事实背后他的感受。

放下自己，听对方说。他的描述可能有那么一些偏颇的事实，忍住自己试图要去纠正和反驳事实的冲动，不要试图把你看到的、你以为的事实给他。他描述的事实就是他感觉到的，就是他眼中的"主观真实"。正是基于这个"对他而言的事实"，他才产生了他的情绪和感受。先看到他的事实、他的感受、他的需求，然后可以再说你的想法和你的感受。

真正动人的，是彼此链接和共振的心灵。当一个人真诚地关心另外一个人，愿意走近他，看看他，感受他，心疼他，什么分析和语言全都是多余的。

日本幼儿教育家仓桥物三《育儿之心》中有一篇在《在走廊上》的短文，我一直很喜欢。

"孩子哭了，老师为他擦去泪水，对他说不要哭，问他为什么哭，说他是个胆小鬼……可以说老师做了很多事情，但有一件事情没有做，那就是同孩子一块儿感受他当时止不住要哭的心情。"

"一直能够照顾孩子的老师，固然是值得孩子们感激的老师。但比起令人感激的老师，他们更需要的是令他们发自内心高兴的老师。而能让他们发自内心感到高兴的老师，正是能够读懂他们当时的心情，并能发自内心地与他们有同感的老师。"

"如果是孩子们的话，他们会纷纷围住哭泣的孩子，傻傻地站在那里，什么也不做，什么也不说，只是用悲伤的眼神看着伤心地哭着的朋友。其中，甚至会有一些自己都不知道什么原因，也跟着哭出来的孩子。"[1]

能不能，不要讲道理，就只是去感受？没有居高临下的指导，没有自以为懂得很多的建议，没有他需要我指导需要

---

[1] 仓桥物三：《育儿之心》，郑洪情，田慧丽，杨剑译，上海：华东师范大学出版社，2015年，第16页。

我帮助的自恋，把头脑中所有的东西都放在一边，只是和此刻的他、和此刻的他的感受待在一起。过滤掉世界的喧嚣，把频率调到和他一样，不管他是在兴奋的高处，还是在悲伤的低谷，都陪着他，快乐着他的快乐，悲伤着他的悲伤，这才是最长情的陪伴和看见。

9. 青少年如何看待"叛逆"

> 人们总说叛逆期，回想那些时光，我想的确是有的吧。那些时候总会和父母吵架拌嘴，哪怕因为一件衣服的选择，一顿饭菜的口味都会计较很久。
>
> ——张彤作业《八点钟的太阳》

曾经给大二的师范生布置过一篇作业，请他们结合个人成长经历以及日常生活的观察与思考，谈谈自己对青少年的认识（包括青少年的心理发展、情感、认知、与父母师长的关系、内心的诉求等等）。很多同学谈到了青少年的"叛逆"心理。"叛逆"这个词，我们更多的是从父母、老师口中听到的，往往是成人立场。作为青少年，是怎么看待"叛逆"的？

青少年们内心会想些什么呢？他们可能会想一些很宏大但其实关乎自我的问题。比如：

人生的意义究竟在哪？大人总是将好学校、好工作设为人生幸福的终极。但这未必是唯一答案。守望麦田可以是人生的意义。青春期的我们时常迷茫。我们常常被灌输着各种美好的"职业"，我们存在的意义并不是为了成为别人觉得成功的角色，任何人生存在的意义都不应是这些。

对每个人而言，真正的职责只有一个：找到自我。是找到自己的命运，而不是他人的命运。所有其他的路都是不完整的，是人的逃避方式，是对大众理想的懦弱回归，是随波逐流，是对内心的恐惧。（小柴《守望者的姿态》）

他们可能会有很多大人觉得根本不是问题的烦恼，有着敏感、细腻的小心思。

每个成长中的青少年，要说自己没烦恼，那肯定是骗人的。烦恼的原因有很多，问题也变得越来越多：作业什么时候能做完，成绩怎么才能提高，身高是不是有点矮，长痘痘了怎么办，老师是不是不喜欢我……因为中考高考的原因，我还会问自己为什么没考好，为什么别人能做到我不行等。于是，跟别人对比的同时，压力开始出现了。我会在考试的前一夜失眠，怕万一没考好辜负老师和父母的期望，愧对自己的努力；会在没考好的时候半夜躲在被子里落泪，怕落泪让别人看见笑话，觉得没考好还哭是很丢脸的一件事情。现在想起来感觉没什么的事情，可是在那个时刻的我看来是天大的事。

青少年这个阶段是一个很重要的人生阶段。在这个阶段里，生理上的发育、心理上的成长，使青少年会开始有明显的行为上的不同。会开始在意自己的外貌，甚至于有的人会开始攀比；会在意自己的隐私和空间，青少年时期是我写日记最多的时候，我会开始隐藏自己的想法，不想让别人知道我的秘密；我还会担心自己的一些行为是不是做得不对，在做决定时开始犹豫，又在做完决定后的下一秒开始后悔；我会害怕尴尬，在脑海里不断重复自己做错的事和出丑的瞬间，其实别人可能早就忘记了。这个时期青少年情绪的波动也越来越大，这个时候，朋友、老师或家长会成为我们的倾诉者和聆听者。一旦一些负能量未能及时得以排解，就会很容易情绪崩溃，作出一些冲动的行为。所以，父母家长的教导就变得格外重要，因为朋友大部分也是我们的同龄人，有时没有办法作出正确的回答并给予有力的帮助。（王欣宜《谈青少年有感》）

青少年是理想化的、敏感的、矛盾的；他们渴望得到尊重，渴望被当做成人一样看待。

青少年们大多不爱跟父母聊天，因为他们的想法往往很理想化，而这些想法在经历了人生许多风雨的父母看来很幼稚。青春期的少男少女们最不喜欢别人说他们幼稚，最不喜欢被别人当做小孩。所以他们选择不把自己真实的想法告诉父母，这样一来就不会"露怯"了。

　　其实，青少年们非常敏感，他们需要隐私和个人空间。有一些家长生怕自己的孩子交到不好的朋友，或者是遇到什么烦心事影响学习，喜欢偷看孩子的手机或者是日记，这样的行为不仅不能了解孩子，还会让孩子对家长产生抵触心理。从小，我妈就一直对我说一句话"我相信你"，并且她也在实际行动上做到了这一点，她从来不会翻看我的手机、抽屉，她总是用平等的方式对待我，试着和我"做朋友"，让我自愿对她敞开心扉。我认为，青少年非常渴望得到的东西就是尊重，他们希望家长和老师像对待成年人一样对待自己，而不是居高临下地教导、操控他们。（金诗靖《浅析青少年的需求》）

　　青少年在十三四岁的年龄段，心智开始渐渐成熟，有了自己一些独立的观念，觉得自己长大了，想要得到周围人包括父母、老师以及其他长辈的认可，但矛盾的是，他们的实际能力并没有达到真正可以独立的地步，想事事有自己的见解，但是又无法完全反驳长辈们的观点，或者是口服心不服。

　　面对父母师长，青少年会表现得很矛盾——他们一方面想要脱离父母师长的控制与教导，对父母师长的话嗤之以鼻，并且很自负地觉得自己无所不能；但他们此时并没有自己的经济能力，由于经济来源只能是家庭，使他们又觉得自己无用，此时他们的心理可以说又无畏又脆弱。这时就需要父母师长耐心交流，不能急于求成，慢慢地走进孩子们的内心，然后加以引导，能够很大程度上预防孩子走歪路。

　　由于当代社会媒体的发展，青少年受影视剧、小说中情节的影响，很向往主角们的"金手指"，也希望自己能和他们一样有非凡的能力与拯救世界的任务。于是他们心怀很大的抱负，可实际情况是他们只是普通人，没有超能力也没有开挂的人生，他们并没有那样的能力去过想要的"超人"生活，这就形成了空想与现实之间的矛盾。他们不甘于现状，却也只能无可奈何的接受。

　　总的来说，青少年生活在自己创造或想象出来的矛盾之中，这些矛盾对于这个年龄段的孩子来说基本是必然的。他们最常呆的两个地方——家庭和学校无疑成了影响他们的重要地点，所以家长和师长都应该好好教导，帮助青少年健康成长。（赵语歆《青少年——矛盾的结

合体》)

青少年是成长着的、反思着的:

　　青少年开始形成独立的自我意识,渴望表达自己,渴望作为一个独立的个体被认可。回想我的青年时期,我经常会思考自己究竟是一个什么样的人,以及我想成为一个什么样的人。小时候,我和很多小孩子一样,都希望做家长眼中听话的乖孩子,自己表现得"乖",得到了父母的表扬。那对于我来说,是最高的赞誉。久而久之,"乖"似乎成了一种习惯。随着自己慢慢地长大,我逐渐感觉到,儿时为了讨好大人而表现得听话,为了获得别人的肯定,却让我忽视了真实的自己,一直压抑着自己的情感,我无法发出表达自我的声音,无法诉说自己内心真实的想法。"乖"似乎并非是孩子的天性,孩子之所以表现得乖,是因为父母没有给他们表达自我的机会。后来,我不想再让自己刻意表现得讨每一个人喜欢,不想再受到"你应该是一个乖孩子"的要挟。我甚至觉得,"乖孩子"已经成为了一种道德绑架,它让每一个孩子认为自己应该被贴上这样的标签,这不能不说是对孩子另一种形式的伤害。当然,这并不是说,一个自我意识强的人可以不受约束,而是说,孩子作为一个独立的个体，并不是谁的附属品，他/她可以拥有表达自我想法的自由和权利。

很多青少年和父母之间存在"代沟"，导致双方无法顺畅地沟通。在家长眼里，这就是孩子所谓的"叛逆"。对于这个问题我个人深有体会。作为一个比较有个性和主见的人，"叛逆期"的我经常因为一些琐事和父母吵架。根据我的观察，身边绝大部分的青少年也有过这样的经历。表面上看是孩子不讲理，可实际上很多时候，错的并非是孩子，只是父母和孩子无法互相理解。在比较有权威的父母眼中，如果孩子的想法或者行为有悖于他们，那就成了孩子的错。有的父母在训诫孩子时，甚至会说一些不堪入耳的言语。当孩子的自尊受到伤害之后，他们又怎么会愿意与父母沟通呢？一开始，我曾很努力地寻找问题的根源和解决办法，可是后来我发现，也许这是一个无解的命题。成人和青少年有不同的世界，同龄人之间的性格、三观、理想信念都不尽相同，两代人更是如此，强行要求双方理解彼此是万万不可的。(邢心怡《青春期中的"自我"》)

大约上小学的时候，我是一个比较听话的孩子。我认为父母的话是标准，而老师的话是我要践行的准则。在这个阶段，我对生活各方面的概念基本是一张白纸。

关于许多事情如何做、怎么做比较快捷，我会很看重父母、老师的指点。他们怎么做，我就跟着做，因为我相信他们的话都是正确的。但是对于家长的批评或者误解，我没有特别准确的方式来反思自己的问题，往往情感大于理智，只会用哭闹的方式表达我的不满。

大约在初中阶段，我们对青少年的概念往往就是"叛逆"。简单的来说，有些父母老师的话很多人都不太听，他们让我们做什么，我们就偏不做，对他们的想法和行为产生抵触和怀疑的心理。就我自身来讲，在初中的时候，我自己琢磨着拼一个模型，想出了一个比较复杂的方法拼起来，而我的父亲在一旁指点我，他觉得他的方法更快捷。我那时偏不信，只愿意用自己的方式来完成我的作品。现在回头想想，我父亲的方法确实更好，而我当时只是想要急于证明自己才不愿尝试。这个阶段是自我意识苏醒的过程，青少年不再以父母老师的话为准则，有了自己的想法与思考，但是思维方式上还处于萌芽阶段，因此常常出现顶撞父母师长的问题。（施玟《青少年的成长》）

青少年处于一个快速成长不断变化的过程，在这个复杂时期，青少年兼具孩子的依赖与成人的独立，时而乖巧时而叛逆。所以，有些父母与老师会觉得青少年难以捉摸便疏于管教任其成长，其实是丢失了塑造一个人如何成人的最好机会。

当我回顾起我的成长历程时，发现自己的问题就是在初中爆发出来的。那时觉得自己有自己的想法，是个小大人了，变得很叛逆。但父母认为我只是需要多一点管制，于是他们给出"你要在××点必须回家""今天你要把××任务完成"这类不留自由空间的命令。我便变本加厉地反抗，父母说拿我没办法。老师的关注点则总是成绩，凡是叫到办公室谈话，开场白都是"最近学习怎么样？"老师问得很熟练，我回答得也很熟练，讲讲"还不够努力"这些老师也听烦了的话就好了。此类不见其效的谈话发生了很多次，老师觉得我难以沟通。

现在想来，在家里面、在学校里面我需要的都是引导，引导青少年的我如何迈向成年的我。当我开始有自己的想法时，我需要的是一个指导什么想法是正确的什么想法是错误的人，而不是再把他/她自己的想法强加于我的人。父母还在把我当小孩，他们的要求就是好好听话。老师的想法更简单——考高分，而兴趣爱好、奇思妙想等根本不在管辖范围内，同时为了让你专心学习就直接否定这些"杂念"。我不愿做父母的提线木偶也不愿做老师的学习机器，我想成为我自己。

我觉得父母要转变"管教青少年的孩子是一件操心事"这样的观念。不再以看待小孩子的眼光对待眼前的青少年，不要说他们的梦想只是小屁孩的幻想，而是平等地像和朋友谈话一样与孩子沟通，这样更能真正去探索孩子们的内心世界，一定能看到一片迸发燃烧的火焰。如果孩子在这段时间能得到正确的指导，他们将形成终生受益的好习惯，拥有奋斗一生的目标。如果一位老师认为自己和学生除了师生关系之外是没有其他联系的，那他应该很难得到学生的认同。因为这时候青少年的生活中能够频繁接触的、可交流的成年人除了父母就是老师，所以他们会尝试向老师打开心门。如果老师在此时伸出手，让他们看看外面的世界，他们会知道自己的尝试是能得到允许的，并对引路人心怀感激。反之，如果老师关上了这扇门，他们也许会害怕再次尝试迈向更远的世界，老师或许就只是漫长人生中的过路人。

对青少年不需操心，却需关心。每一个人在青少年时都是一张有无限可能的白纸，他们值得被期待。(姜凌熙《珍视每个少年的少年》)

我回忆起我上中学时，只要稍有不顺从母亲，她就觉得我叛逆。其实我只是开始思考，大人们说的话做的事就一定是正确的吗？随着知识面的不断丰富，我对周围的事物有了自己的理解和思考，也开始试图探索父母所谓的经验和方法是否可行。可是每当我对妈妈提出质疑时，她就把叛逆的帽子扣在我头上，好像恨不得让所有人都知道我就是个无法无天的危险分子。

当下的许多青少年都有这种困扰吧，长期的压力下，找不到一个出口，一旦情绪爆发，就被认为是"叛逆"、是不听话的表现。所以我说，这是个危险时期，不是他们本身危险，而是他们身处危险。周围的成年人就像没有经历过这一阶段似的，虎视眈眈地看着他们，好像在等他们犯错，等他们发脾气，然后给他们扣上"叛逆"的帽子。我曾经掉进过这个危险的无底洞，父母越觉得我"叛逆"，我就越是"叛逆"给他们看。我不记得是怎样走出那段时光的，但我确信那段光阴痛苦又孤独。因为我深知那种没人理解的孤独感。

青少年时期，孩子在生理心理上都会出现变化。他们可能会怀疑自己，怀疑父母，怀疑身边的一切，因为他们有了重新审视这个世界的能力了，而这时候，比起父母冷漠地用"叛逆"两个字来解释一切，他们更需要理解、信任和支持。可能父母就是这样的存在吧，有了孩子之后，余生都活在担心里。但事实上真的没有必要。给孩子多一点信任，多一点理解，也许所谓的"叛逆期""更年期"都能绕过去了吧。（周晨语《青春期＝危险期?》）

随着青少年认知能力的慢慢提升，他们对周围事物也慢慢有了自己的看法，甚至会对以前的认知产生怀疑。以我自己的例子来讲，我的父母文化程度不高，在教育我的时候也没有什么特别的方法，只是在以他们认为对的方式教导着我。在我的青少年时期，有时候他们极端的管教让我真的非常崩溃，他们总是害怕我被别的孩子带坏而不让我和我的朋友交往，他们不喜欢沟通却总是打着为我好的名义为我做了许多的决定。可他们不知道的是，处于青春期的我没有兄弟姐妹，是多么想要一个值得交心的朋友，是多么想要努力变得独立，变得更有主见。这一度成为我在青春期变得叛逆的主要原因。（欧阳莎《少年》）

对于自己的感受和想法，孩子们是认真的；在想要成为自我的路上，每一个孩子都曾经执着而不愿妥协。

每个人都认为自己有决定和选择的权力。如果别人强迫我们做某件事，完成某个任务，我们就会觉得自己的自由受到了威胁和削减。面对这样的情况，我们就会做出一些不是特别理智的行为，试图捍卫自己自由选择的权力。这就是逆反心理。它广泛存在于每一个人身上，而青春期孩子的逆反心理更为强烈。

在我青春期时，我也经历过逆反心理，经常不愿意听从父母老师的意见和要求，认为他们干预了我的自由。例如，妈妈让我先洗完澡再写作业，这本来只是一件小事，但在当时逆反心理比较严重的我看来，妈妈是在对我下达命令。这让我感到十分不满，于是不愿意听从妈妈的话，而一定要到半夜写完作业了再去洗澡。再比如，妈妈说今天天气冷，让我多穿一件衣服出门，我就不愿意，即使在外挨冻，也觉得比听妈妈的话好。这些虽然只是一些小事，但是也影响了我和家人的相处，对我自己和他人造成了困扰。（滕思怡《青少年逆反心理》）

就拿我个人的青春期来说，我认为我的父母不尊重我，过分干涉我的生活。一有担心、怀疑就看我的手机，查聊天记录等等。又或者说我喜欢看各种各样的小说，但我的父母认为这是不务正业、看杂书，明令禁止我去看那些书。我就会感觉自己时刻被监视、被突袭，因而经常控制不了自己的脾气摔门而出或情绪爆发。（陈佳淇《青少年的心理发展》）

网络上流行这样一个段子："我本来想写作业，但是我妈一催，我就想把作业撕了"。在这一情境中，父母和孩子成了两个对立面。家长想的是要对孩子负责，督促他好好学习，而孩子想的则是自己不被信任，对父母很失望，感到委屈。这种逆反心理在本质上是青少年在用自己的方式表达被父母掌控的不满，他们往往会采用激烈的方式来夺取"自由"，维护作为独立个体的尊严。（许秋文《青春二三事》）

成人们轻飘飘的态度让他们孤独而绝望。

我曾经和父母提起过我觉得压力很大，他们只是说："你又不用工作，会有什么压力。"这一点我归因于"代沟"，父母或许并不理解孩子们的各种压力，因为在他们眼中，这些压力都是不值一提的。青少年时期的孩子们也不愿和家长主动沟通，所以很有可能采取极端的方式来企图躲开让自己受到制约的学校和家庭环境。（王阳《青少年》）

近些年，青少年和家长闹矛盾而后自杀的新闻屡见不鲜，无数年轻的生命就此消逝，家长也痛不欲生。然而究其原因，许多家长似乎都不把孩子的心思当回事儿，不愿去沟通交流，就算青少年用行动表达他们的不满，家长也只会轻飘飘用一句"孩子叛逆期到了，正常"带过。但这个现象真的应该得到重视了，青少年的心理应该得到家长的重视，如何与青少年沟通交流更是一门应当研究的学问。

成长期间，青少年会面临许多身心烦恼，身体发育的成熟与心理成长滞后的矛盾，困扰着自己。在我初高中生涯中，发现我身边的家长和老师似乎都很不把青少年的烦恼当回事。家长经常会跟我讲："等你几十年后回过头来看，会发现现在你所以为的天塌了的烦恼都不过是小石子。"我很反感这种话，因为在成年人看来微不足道的小事，有时候确实沉重到能压垮一个心思敏感的青少年。在我高中住宿时期，一度和舍友闹得很不愉快，严重影响了我的心情，以至于学习都集中不了精神。我去和老师家长倾诉，却被他们教育了一通说这都是小事，根本不算什么。但我的问题没有得到解决，仍然郁郁寡欢，即使到现在想起来也还是觉得心头闷塞。我仅仅是精神上受到了一些不被理解的伤害，而那些自杀的青少年呢，他们求诉无果后又面临了多大的绝望才会选择结束自己的生命？家长和老师都应该密切关注青少年的变化，随时准备好倾听他们的心声，决不能用随意的态度打发，否则万一造成无法挽回的后果，将追悔莫及。

　　我听过不少这样的论调——"孩子有叛逆期很正常，过去就好"。但如果不在青少年需要的时候及时给予帮助，关心、了解他们的诉求，仅让他们独自在黑暗孤独中摸索，那么他们将很难走出"叛逆期"。（姚敏《叛逆期》）

第四章　为人父母

　　爱不是你想爱，想爱就能爱。只是嘴巴上说，是不算数的。爱是发自内心的喜欢和疼爱，因为这种纯粹的爱，你会看见孩子的快乐，孩子的悲伤，孩子的骄傲，孩子的失望。你会为他的快乐而快乐，为他的悲伤而悲伤。

1．为人父母，从容自在最难得

真实的人当下是自由的，怎样都可以。

——李雪

美国心理学家托马斯·戈登认为，"一个高效能的父母会让自己做一个凡人——一个真正的人。孩子非常欣赏他们的父母所表现出的真实性和人性。"[①] 对所有人来说，在做孩子的父母这件事上，或多或少总有那么一些压力、焦虑和无措。是怎样一种奇妙而注定的缘分，让这个小小的、脆弱的、天使一般的孩子来到我们身边，将自己完全交付给了我们？一下子升级为爸妈的我们，不由得感到一种沉甸甸的责任：我们要怎样做，才能让我们的孩子快乐健康地成长，才能让孩子们拥有一个幸福的未来？新晋爸妈没有多少经验，为了那份沉甸甸的责任，他们会去借鉴书本、网络上的育儿资讯，他们会去看周围人怎么做。

然而，父母们在四处借鉴经验和理论、试图寻找最佳育儿标准和途径的时候，忽略了重要的东西——为人父母的真实性与人性，也忽略了眼前真实的孩子。当父母固执地遵循

---

① 托马斯·戈登：《父母效能训练——让亲子沟通如此高效而简单》，琼林译，北京：中国发展出版社，2015年，第11页。

一个框架、试图做得完美完美更完美并为结果惶惶然时，会给孩子带来什么呢？孩子可能感觉只是和"假"父母在一起。那些紧张、焦虑、一脸严肃的大人，是原本想为孩子提供快乐成长环境的父母吗，是身而为人原本的样子吗？或许父母们所做的已经背离了自己原本的初衷。与其这样，孩子们或许更希望父母能够不那么完美，更希望父母能够从容自在、能够允许自己犯错也允许孩子犯错，更希望父母能够意识到自身和孩子的局限、有瑕疵但真实。心理学家温尼科特希望母亲们明白小婴儿的成长和发育并不需要完全依赖于母亲，"每个小宝宝都是蓬勃发展的小生命。在每个小婴儿体内都有生命的火苗，那是生命的成长和发育生生不息的强烈欲望，也是小宝宝与生俱来的本能，我们并不需要知道其进展的方式。"温尼科特指出，"有些母亲把小孩看作手中的泥土，拼命捏塑，以为自己必须为结果负责，这其实是大错特错了。如果你也有这种感觉，就会被过重的负担压垮，因为那根本不是你的责任。如果你可以接受'孩子是个蓬勃发展的生命'这个想法，你就可以一面回应他的需求，一面从容自在地站在一旁欣赏孩子的成长，并从中得到乐趣。"[①]

　　河合隼雄对此也持有同样的看法。他认为，"父母都知道

① 唐纳德·W.温尼科特：《妈妈的心灵课——孩子、家庭与外面的世界》，赵悦译，海口：南方出版社，2011年，第18—20页。

理论，结果过度依赖理论，导致思想僵化，即使产生感情，也觉得不合适，以致极力压抑感情，企图按照书本上的理论来养育子女。其实养育子女本不该如此，而是应该放开胸怀，不管是感动还是生气，想说就不妨直接说出来好了。"①

信息时代，我们搜索育儿理论、育儿知识、育儿公众号、育儿微博、育儿书籍、育儿专家，关注前沿研究。我们想要正确科学对待自己的孩子，想要给孩子最好的教育最好的指导，想要孩子以最优化最科学最正确的路径成长。但我们却不曾想过，我们的孩子自己才是最好的指导。每个孩子都是不一样的。孩子本身是活生生的生命和个体，有什么样的前沿和理论能够去指导一个活生生的生命呢？

在父母与孩子第一次凝望的那一刻，他们必定是喜悦的，沉醉在孩子天使般洁净的容颜中。只是后来慢慢激起的、过于沉重的责任让父母逐渐远离最初的那份喜悦、放松和陶醉。父母不是神。父母只是守护、陪伴神赐予的孩子一起，享受一路芬芳，淌过急流险滩，留下一路欢笑和美好回忆。

记得有一次晚上带霖霖学钢琴回来，骑电瓶车带她行驶在初冬的夜晚。她在后座和我说，路边树上掉了很多香橼，捡几个香橼吧。我说好呀。她说，那还要回去一段路呢，我

---

① 河合隼雄：《走进小孩的内心世界》，萧照芳译，亲子天下出版社，2019 年。

说那我们回去吧。调转回去一点路,她下来捡了几个香橼,装在包里,我们继续开车走了。在生命的旅途中,我们和孩子之间有着许许多多诸如此类的小回忆小美好,滋养彼此的身心,是多么珍贵啊!

2. 孩子带来新的世界

> 作为独一无二的个体,作为世界的新来者,儿童的到来赠予了世界新的生命、新的力量、新的活力,带给生活新的形式、新的作品、新的行动。
>
> ——金生鈜

当孩子慢慢地长大了,父母对孩子的要求也越来越多了,也似乎忘了孩子原本的模样了。我们是否反思过,我们需要孩子成为什么样的人?我们是怎样看待孩子的?我们的做法又是否是我们养育孩子的初衷呢?

你心中的孩子是什么样的?是一个主动的、有其内在精神内核的人吗?从精子主动游向卵子的那一刻,就应知道,大自然已经赋予每个孩子主动生存、主动生活、主动走向世界、主动和世界发生链接的本性。依其本性,婴儿想要攀爬、想要玩水,想要走路,儿童想要制作、想要表达、想要唱歌,他是一个携带着生命密码,随着时间逐步向世界敞开秘密的人类的个体。

他是一个独立的个体，有他的感受、品位、思想、选择、人生吗？虽然天赋本能，但每一个人并不相同，每个婴儿、每个儿童不同，成人与孩童更加不同。

他是一个不断发展的人吗？还是一个什么都需要成人指导的、被动的、附属的人？显然，儿童是不断发展着的，儿童带领成人重新看到世界的清新和美丽，成人从儿童身上看到了大自然的神奇和秘密。

当大人们说，我家的孩子不听话，怎样让他听话？要怎样管一管？这样的想法会让我们没有机会去发现孩子身上闪光的美好，也会错失和孩子相处的愉悦时光。

霖霖小小的还不会讲话的时候，我总会想，她怎么会慢慢地认识这个世界，慢慢地就成了我们大家中的一员呢？后来，霖霖长大了，她总是以令人惊喜的方式展示她对世界的认识和学习。某一天，她会和你对歌"公鸡出来打鸣，豆虫出来咕咕容"；又一天，她会从 1 数到 10，那发音真是说不出来的婉转好听，虽然，不管东西到底有几个，她数来又数去，总是从 1 数到 10；再一天，她唱完歌，要大家都鼓掌，再鞠一躬，"谢谢大家！"她真实不作，对吃很热衷，"我要吃""还要吃"。吃了芹菜，还会鼓掌，"好吃""这个好吃"。慢慢长大的她，很大声地唱"爸爸的妈妈叫奶奶"或"爸爸的妈妈叫妈妈"或"爸爸的妈妈叫藕藕"（源自奶奶晚饭做了藕），大人听来，一样美妙。

原来，在宝宝长大的过程中，在她熟悉世界的过程中，她用生命的真实向我们展示出对世界不一样的解读，因此带给我们惊喜；大人对宝宝的稚嫩也怀有最大的包容，因而也感受着这份可爱的童趣。

我们家房子后面是一片有草的土丘，土丘上种有几棵桂花树。这个地方是孩子们经常玩耍的地方。我们这一幢楼的左边是一条路，和后面的楼层又错开了，所以从小房间的后窗或后阳台望去，视野很开阔。近处，就是这片土丘，再向远望，是延伸的小路，还有小桥。

霖霖小时候喜欢睡觉前或在床上玩的时候，站在床上，往窗外看。有时候我在床上躺着，她会叫我："妈妈，看！"我为了配合她，会起来看，"宝宝，看到什么了？""小狗。"呵呵，要她提醒，我才看得到，有三只小狗呢！不知道这几只小狗是否认识，总之它们也都看中了这个好地方，在午后阳光的草地上享受惬意和慵懒。小狗们也许不会想到，它们的世界也会被关注。它们根本不用去想，也不去管是否被关注，它们只是受到自然的召唤和阳光的指引来到草地。它们没有更多的想法，本能地就来了。不会有人去注意一只狗，除了同样没有更多想法的小宝宝。宝宝眼里，狗并没有低人一等，它和小路上走过的大姐姐、大哥哥一样引人注意，它与草地、阳光、桂花树都是自然的一部分，甚或更灵动。

暖暖阳光照着的草地上的小狗，对面楼上妈妈怀里的小婴儿，天空中弯弯的月亮哥哥，都进入了宝宝的视线和心灵世界。宝宝的世界，有更多的纯真和温情。

让我这个做妈妈的感受深刻的，是孩子带给我的各种奇妙体验：她的真实坦率，她的不一样的视野。当她将英文书上一句简单的"Hello，I'm Yang Ling"读得那么好听时，我觉得真的是我读书这么多年听到的最好听的英语；当她看着语文书上的看图说故事编出情节曲折又有趣的故事时，我是真的有点佩服的。我不觉得自己因为吃过的盐比她吃的饭还多，比她多知道一些道理和适应社会的规则，就可以站在一定的高度"教育"她。确实，孩子也有顽劣的时候，有些原则性的事情父母必须坚持和引导。但更多时候，我想我需要反思，我的教育和坚持是因为自己的需要吗？是因为要维护自己一直认准的一个道理和准则吗？有多少时候，大人的所谓"为你好"，只不过是在固守一个自以为正确的理论。

孩子的到来，给世界带来清新和美丽，抚慰了大人日渐倦怠的身心，启示大人用全新的、愉悦的、不那么功利的眼光和视角重新看待这个世界。当大人们能放松自己的身心，把那些令人不安的想法和念头搁置在一边，像个孩子一样的纯粹地笑着、全然地信任着、勇敢地爱着投入着，我们的世界真的犹如鲜花盛开。

3. 你不焦虑，他便安好

父母给予孩子最好的礼物，就是做放松的父母。

——曾奇峰

成人何以身为父母师长？当孩子遇到困难挫折，成人以其视野、知识和阅历，消化、抱持孩子的无助恐惧，告诉他"不要怕，没什么大不了"，告诉他事情是怎么回事的，告诉他可以积极解决问题，一起从容乐观面对世界，而不是评判、指责，不是传递焦虑和惶恐，更不是自己先倒下了。

当一个婴儿刚来到这个世界的时候，会接触到很多外界的刺激。有的刺激给他带来愉悦和满足，是他能够吸收、接纳、消化的，比如妈妈的微笑和逗乐，春天里微微的风和暖暖的阳光；有的会让他受到惊吓以至于不知所措，比如突如其来的鞭炮声。此时，妈妈会抱着孩子，告诉他，"宝宝，这是放鞭炮放烟花的声音"。如果有机会，妈妈会抱着宝宝看窗外的烟花，告诉他这就是在放烟花。宝宝知道了这种对他来说突然而至的、巨大的声音是怎么回事，他就不会那么害怕了。按心理学家比昂的理论，此时的妈妈对孩子来说起到了"容器"的作用。就是说，妈妈承接、容纳了孩子因为年龄、因为自我功能还不强大而暂时不能处理的情绪，消化之后，变成孩子可以接受的情绪，返还给孩子。

比昂把情感分为两类，一种是可以承受的，另一种是承受不了的。能够承受的情感叫 α 元素，而承受不了的情感叫 β 元素，把 β 元素转换成 α 元素的功能（把受不了的情感转化成受得了的情感）就叫 α 功能。在孩子小的时候，会遇到很多他自身能力还不能处理的事物和情感，他可能会哭，会退缩，或者会出现一些反常的甚至攻击性的行为。他是在用这些方式把忍受不了的 β 元素丢出去，他是在表达，在呼喊，在向大人和世界求救，"我不明白发生了什么，这些东西把我压得受不了了，我不知道该怎么办了。"这个时候，成人，尤其是和孩子亲近的父母师长，就会像一个外挂于孩子身上的容器一样，把孩子还不能承受的信息和情感接住，帮他消化一下这些不可承受的情感，然后再把它变成可以承受的情感，返还给这个孩子。

在电影《魔童降世》中，小小的哪吒不明白，为什么他刚一出生，人们就视他为恶魔，就认为他会做坏事？为什么他真心真意地和小伙伴玩耍，那些周围的村民会害怕他伤害小伙伴？这是年幼的哪吒还没有办法处理的情感。他迷惑，他无助，他愤怒，对外的攻击是在表达和释放他所有的不解和不满。哪吒的父母没有被外界铺天盖地的偏见、指责搞垮，他们一直稳稳地站在哪吒身边，保护他、信任他、支持他、化解他的困惑。李靖告诉哪吒，"爹一直对你很严，知道你心里有气，别在意别人的看法，你是谁，只有你自己说了才算。"父母把风雨都挡在门外，过滤掉外界的烂泥污水，让哪吒看到最清澈的世界，回到自己的中心，蓄积内在的力量。正因为有这样的父母，哪吒才能够自信满满地喊出，"别人的看法都是狗屁，你是谁只有你自己说了才算，这是多教我的道理。"

仔细体会一下，会觉得比昂这个容器的比喻特别好！作为一个容器，重要的是它的质量和容量。如果一个容器，稍触即破，或者容器自身已经塞满了很多的压力、焦虑、恐惧、愤怒等等混乱的、没有得到很好处理的情感，那这个容器就不具备承接、容纳、消化孩子情绪的功能，大概率的，还会把自身一些负面的情绪丢到孩子身上。

从字面上看，容器是要容纳的，是柔韧的；从形象上来看，容器是要有可以容纳的空间的。容器嘛，首先要有空间，空一空，才能去容纳孩子的感受和情绪啊！但父母这个所谓的容器往往都很满很满，自身都处于无处倾诉甚至想要找孩子倾诉的状态。如果我们这个容器本身就比较小，而且还是很涨很满的状态，我们自己都想逮着个人去把容器里的东西（我们自己的感受、情绪）去倾倒倾诉一下，那么当我们和孩子沟通交流或者孩子找我们倾诉的时候，就有可能造成一种反向倾倒的状态，不仅不能很好地容纳孩子的负面情绪，反而会让孩子承受我们自己的一些负面情绪。

曾奇峰老师就指出，本来父母应该是作为孩子的 β 元素

（不可承受的情感元素）的容器，帮助孩子容纳、消化这些东西，把 β 元素变成 α 元素返还给孩子。但是在中国的家庭中，经常出现的情况是：父母亲因为自身人格发展的问题，在遇到事情的时候把很多不能够承受的焦虑扔给孩子，让孩子承接了来自父母的压力、恐惧和焦虑。

比如，在接到老师数落孩子不是的信息时，家长是不是立刻觉得很受伤，很没面子，认为孩子肯定是犯了什么错，给自己惹了麻烦，然后转头就把孩子叫过来骂一通？那么，这样的家长就不能算做一个容器，充其量只能是个原封不动传输负面信息的通道，家校合力，把孩子置于更无助的境地。有效的做法是，可以单纯去了解情况，弄清事实，根据事实找到解决的办法。

一位大学生曾经回忆说，"高三的时候压力大，偶尔有一次忍不住和妈妈吐槽了一番，她变得比我更加担心。从那个时候起，我就知道无话不谈的时期似乎结束了。"

父母，应该是那个给孩子托底的人。要让孩子感受到这样的底气：不论遇到什么情况，有父母在，都不要怕。

4．直面无能感

人的一切痛苦，本质上都是对自己无能的愤怒。

——王小波

一

在父母们自己有情绪的时候，很难免会波及孩子。我觉察到只要自己在内心里有着这样那样的情绪，比如担心被时代抛弃的危机感、不被看见的委屈、受到无端指责的愤怒、对孩子爸爸的不满和怨气等，我就很容易对孩子不耐烦和发火。自己作为老师，工作环境比较单纯，压力也不算太大，尚且还有这种不自觉的将情绪向孩子的转嫁和释放。所以我们很多社会上打拼的父母，难免会有比较大的压力和焦虑，但真的很需要自我觉察、自我调整，不要误伤孩子，毕竟孩子是最宝贵的。

人最大的情绪来自对自我价值的惶恐。当一个人感觉不到自我价值、不知道自己的能力与禀赋是什么、不知道自己能为社会带来什么价值能为自己创造什么价值、得不到社会认同的时候，人是会惶恐无助的。其他的情绪都是可以处理和控制的，唯独这种自身的无能感无助感，是最难面对的。

这种无能无助感，在时代大势面前，在突如其来的变化比如疫情面前，会显得尤为强烈。有人能够持续学习、拓展认知、认清社会发展趋势顺势而为，能够在巨大变化面前调整心态、积极主动寻找新的机会，乐观进取，有人则一味叹气、悲观、抱怨。

这种无能感，很容易传递给孩子。父母很容易将自己不被社会认同的失落和愤怒，看不到自己价值的焦虑和惶恐，转嫁在孩子身上，憋着一口气，坐等孩子为自己翻本。父母们希望孩子有出息，"望子成龙""望女成凤"，是非常正常的期待。但需要有一个淡定从容的心态。父母首先需要接纳和认同自我的能力、自己的生活、自己在社会上的位置，对自己的价值、生活和位置没有那么多的失落、愤懑和不甘。基于这样的一种接纳，再去看能够给孩子提供什么样的平台和资源。至于孩子未来能过一种什么样的人生能过一种什么样的生活，真的已经并非父母能够左右的了。父母不要把对自己无能的惶恐和愤怒转嫁成对孩子不切实际的幻想。

当这种不切实际的幻想落空，更加剧了父母的无能感。在原本自我价值的无能感之上，又叠加了教育孩子的无能感。

每个人都需要好好面对和处理自己的无能感。教师请家长这样的事，就是一个将无能感层层传递，不断甩锅的表现。

老师觉得自己没办法了，叫家长，将自己的无能感转嫁给家长，这是你生的孩子，这是你家长的事，藉此减轻了自己的无能感。

家长把这种无能感转嫁给孩子，用甩耳光掐脖子推头向外界宣示（所以这样的家长必然是更喜欢当众羞辱孩子的）：这是你的事；是你没做好，不是我无能，我已经在狠狠地教育你了。

对孩子来说，无能感经过重重叠加，如海啸般扑来，既然无能，存在又有何意义？

无能感和全能感是一个硬币的两面。要正视无能，需要先正视自己的全能幻想。作为成人，我们能不能坦然地接纳和面对自己，接纳自己并非人中龙凤，接纳自己并没有开挂的人生？我们能不能接纳孩子也将是凡人一个，接纳孩子可能并不能通过学习这件事就能够逆袭而实现阶层跃迁？作为成人，我们有没有反思，面对孩子，我们能做什么？不能做什么？我们能否把一个活生生的生命规划、驯服到极致？我们若没有接纳自己的现状，没有接纳孩子的现状，反而幻想通过对孩子无所不能的控制去实现自己的期望，那大概率最终还是会遭遇无能感。如果大人不能很好地面对无能感，只知道一层层甩锅，那么孩子最后接到的都是压死人的大锅。

二

成年人自身体验到的无能感，很容易通过无所不能地控制孩子得到宣泄和释放。

把这种无所不能投注到孩子身上，试图管控孩子生活、学习和人生的每一个角落，这样的父母对孩子会有什么样的伤害？

父母在生活中呈现出的真实状态让孩子感受到人是什么样的、生活是什么样的、生命是什么样的。父母当然也会是无能的、脆弱的，这样的父母才是真实的人。生命并非知无不言、言无不尽。生命最终呈现出什么不是人为可以决定和控制的，这正是生命的特征、生命的趣味所在。一眼看得到头、一语道尽本质的生活和生命是不值得过的。正是生命的不可言说，正是生命的真实和多样，正是成长的神秘和广阔空间，让孩子对自身生命和未来充满憧憬和想象，让孩子还有梦可以做，还可能怀有一份超越父母和创造自我的期待和希望。

那些什么都想控制，好像非常聪明非常厉害的父母，对于每一件事他们都能掰扯出很多道理，生命或者生活的角落就没有他们的教诲到达不了的地方，仿佛能未卜先知，仿佛一切尽在掌握。

这种看似非常善于讲道理、非常善于"教育"孩子、看似无所不能的父母，给孩子带来的并不是希望和强大，相反倒可能是无望和无趣。这样的父母，就像一道道强光，扫射着生命的各个角落；就像一双探视眼，追踪着生命的每一个足迹。那些原本自然自在的生命在幽暗空间里默默地、欣欣然地成长着。一开始它可能是娇嫩的、脆弱的、胆怯的，它向外探探头，又缩回去，然后再探探头，稍微感受一下外界的暖阳或柔柔的风，觉得还不错。于是它再多一些试探，再多一些感受，又体验到了更多的温暖、喜悦与呵护，力量也开始变大了。它慢慢建立与世界的链接和感觉，慢慢体会自己的本能和力量，慢慢感受世界的善意和温暖，最终破土而出，勇敢地迎着阳光绽放自己的生命。可是，当生命的幽暗角落被强光扫射，被过早暴露，生命便失去了体验自身力量、建立与世界链接的过程和喜悦。那个原本有着无限希望和喜悦的生命，感觉到了成长秘密被窥探的羞耻、本能力量被压抑的愤怒、无所遁形的沮丧和绝望。

在强势的、过于聪明的父母那里，往往可能会有一个顺从的、胆怯的、没有精神气的、沮丧的、暴怒的甚至生无可恋的孩子。

三

孩子承接的仅仅是成人甩过来的无能感吗？并不全是。

其实，孩子自身的无能无力感也是很重的。他们并不是只要学习就什么也不用管了。初中生高中生开始要思考关于自我关于世界的宏大问题了。虽然他们不一定会明明白白说出来，但到了一定阶段，他们必然会思考，我是谁？我来到这个世界上是为什么？我将来要干什么？这个世界是什么样的？生活的意义是什么？这些问题如果没有得到一点点回应，他们会觉得生活是茫然的，尤其是只有学习的生活更是茫然的。孩子们的一些所谓问题行为实际上就是他们内心茫然的反映。孩子，并不是什么都不懂，他们需要明白他们之于世界以及世界之于他们的意义，他们需要和世界有呼应、有情感上的联系。他们需要知道，他们做的事、他们读的书、他们学的知识与他们的生命和生活有什么样的联系。这些孩子，是清醒的痛苦者。他们通过所谓问题行为向成人发问，发出信号，请有经验的成人施以援手，请成人给予说明。但他哪里知道，有些父母和老师对此根本不以为意，觉得这些根本不重要，甚至根本不懂。

如果家庭和学校具有一种人性化的、温暖的、尊重而民主的氛围，如果父母和老师自身正在过着一种向上而富有情感的生活，那么，这样的生活和成人的人格对孩子来说本身就是一种示范和引领，是在以一种潜移默化的方式告诉孩子：世界是什么样的，生活是什么样的，人是什么样的。孩子们的茫然、困惑一定程度上会得以释放和缓解。或者，成人足够坦诚，告诉孩子，你的问题我们也不懂，但是我们可以边学习边向前边求解，可以吗？孩子应该也能接受。糟糕的情形是，孩子所处的环境所在的生活，本身就是不值得过的：不被看到、不被满足、不被尊重，生活和自我又被压缩到学习这样一个很窄的空间。孩子在局狭的空间里发出呼声，父母和老师看不见听不懂，又不能承接孩子的这些问题和情绪，反而又把更多的无力感甩向孩子，孩子就很难去承受。

可以说，这是一个循环的能量场。成人们自身的无能感无处安放，传递给了孩子；孩子的无能感以所谓问题行为的方式返给了成人，成人接不住，狠狠地带着更猛的劲再次抛给孩子。

成人之为成人，是需要拿出勇气去终止这样一个抛球游戏的。否则，那个代表着无能的能量球在往复循环中会吸附更多的沉重，如果最后是由孩子来承受，会最终压垮了这个孩子。

5. 让孩子没有负担地享受生命的美好

父母对孩子最好的爱，就是让他能够没有负担地享受生命的美好，让孩子觉得生命是值得的。

一

曾做过一个梦，感觉很有意义，就记录下来了。只记得一个场景，妈妈和女儿在一起，在一间房子里，没有窗帘，外面人来人往的，没有私密性，女儿就和妈妈说要弄个窗帘比较好。不知怎地又响起音乐声，然后有一只狗随着音乐打拍子舞蹈，然后女儿指给妈妈看，想让妈妈体会那种好玩好笑的感觉，但说实话，妈妈就算转头来看，也只是那种敷衍一下的样子，就像是给女儿面子似的。

那只狗随着音乐节拍舞蹈，一开始只是和着节奏打打拍子，后来就更活跃了，随着音乐起舞，女儿在梦中也会被这样灵动的音乐和舞蹈打动，忍不住会觉得很赞，觉得有趣、好玩。

然而，妈妈们对于生活中吃穿住行的讲究，对于心灵的感受和品位、趣味和欢乐，都有那么一些麻木和敷衍。固守在自己的世界，努力做事，舍不得把心放开一下下。

　　作为孩子，感觉是想要把世界、生活中发生的有趣的、好玩的事告诉妈妈，想让妈妈在为家庭辛苦地操劳中抬起头，看看有趣的事，让妈妈开心一下。然而妈妈那只是仓促的一抬头、敷衍的一瞥，让孩子的心有那么一丝沉重和失落。

　　为什么会是音乐和舞蹈？这些是天然的韵律节拍，是和人的心灵契合的，也是自然地能让人心灵愉悦的。然而，妈妈们，也包括其他辛勤的、劳累的长辈，因为一代一代缺少爱的传递，人的自我价值感是低的。所以老一辈人更擅长通过吃苦、操劳甚至虐待自己（不让自己开心愉悦）来显示自身的价值。为什么虐待呢，因为就算我是没有价值的，我没让自己开心啊，我先惩罚自己了，别人也不能说什么了。一代一代是这样的，当孩子看到妈妈埋头劳作，孩子想让妈妈笑，然而妈妈没有笑，孩子除了小失落小沉重之外，也不会放声大笑，不敢尽情享受，不敢拥抱幸福。

　　会笑、敢笑的孩子，笑得开心、笑得快乐的孩子，是幸福的，能够全然地打开心扉，去感受世界、感受生活，去和世界、和生活保持天然而本能的链接；孩子原本就是大自然的孩子，是神的孩子，是放松的、快乐的，没有尘世的束缚和局限，像精灵和天使一样的纯粹、自由、智慧、美好！

孩子本能就有快乐愉悦的天性，最大的羁绊就是来自父母的沉重。父母有多开心，有多放松，孩子就会有多智慧。就像曾奇峰老师所说，在亲密关系里，父母先把自己搞舒服了，流淌出来的感情自然的滋养孩子。父母以自我牺牲为前提的对孩子好，结果是最坏。所有人都应该先把自己搞舒服了，才能滋养别人，帮助别人。把自己都搞不舒服的人，想帮助别人，只能是帮助别人不舒服，因为只懂不舒服的模式。父母做好自己，孩子就不用再惦记父母了。

有句话说，"没有吃不了的苦，只有享不了的福。"能吃苦固然是难能可贵的品质，比能吃苦更难得的是相信幸福，相信自己配得上幸福而没有享受幸福后会被惩罚的恐惧。

二

父母对孩子最好的爱，就是能让他感受到生命的美好和愉悦：自己生命的自由、美好，父母家人生命的幸福、愉悦，整个世界的生机、流畅……并且，这样的自由、美好、愉悦和享受，是没有负担的，不是欠着谁的，不是谁施舍的，而是生命本身就是这样的。生命的美好，给我，给你，也给他。不是你多了，我就少了，也不是现在多了，未来就少了，而是足够的，只要愿意去发现去创造，生命美好的能量就会源源不断。

好多孩子希望父母能绽放笑容，去打开、享受自己的生活和生命。如果父母总是沉重的，孩子会觉得自己对美和幸福的向往与追求不啻是对父母的一种背叛。孩子天然的发现美、追求美、享受美、创造美的动力就大大削弱了。然而，如果没有了对美和幸福的向往和追求，生命就缺少了光芒和希望。

父母允许、看见、回应和支持孩子生命的本能和深情；让孩子享受独一无二的、充分展开和绽放的生命；能够看到世界的美好，自然的、社会的、人性的美好和感动；能够看到父母享受生活的愉悦、工作中的乐观和灵活、遭遇困难的坚韧和平静、打开世界的开放和广阔、人际交往的热情和温暖……当孩子能够感受到这些，生命对于他来说，就是一种值得开启的旅程，就是值得投入和享用的。

让孩子为自己的生命骄傲，信任他生命中涌现的、自然发出的能量，勇敢地绽放、享受自己的生命，这才是父母对孩子最高级别的爱。

那些让自己过得非常灰暗、总是呈现生活的种种苦难和不易试图以此刺激孩子努力上进出人头地的成人，那些总是批评、打击、刺激、羞辱孩子的做法，会让孩子觉得自己是一个负担，让孩子为自己的生命觉得羞耻，让孩子压抑自己的生命意志和生命能量，让孩子感受的只是生命和生活的不易和灰暗，这不是对孩子真正的好，这也不是真正的爱，而是对生命的辜负。

6. 有多少祝福其实是诅咒？

> "我都是为你好。"背后的意思是不是：如果你不听我的，你就不会好？！

有些旅游景点，会设一个许愿池。在许愿池的边上，再设置一个喂鱼台。喂鱼台边上有鱼食卖，还写着只有买了鱼食的才能到喂鱼台，喂鱼会带来好运。这句话很容易让人发慌：不喂鱼就没好运。不是吗？

有些人擅长制造这些概念，说一些看似是祝福的话，实际上是要你顺从。因为你不顺从，这句祝福的话就变成诅咒。这得要强大的人才能不受其干扰。然而一个可悲的事实是，人们的自我太虚弱了，真就像中了魔咒一样就亦步亦趋跟着走了。

当父母说，"我都是为你好"时，这样的话语中也带着一种控制吧：我都是为你好，所以你要顺从我，听我的话；如果你不顺从，不听话，你就不会好。这和"喂鱼会带来好运"是不是有一样的味道？

原本是一个公众的许愿池，也是挺美好的一个想法。然后圈起一部分水，弄个喂鱼台，炒作几个概念：鱼是开过光的；喂鱼会带来好运……立下几条规定：只有买了鱼食的才能到喂鱼台，不能喂鱼吃自带的面包和饼干等。看吧，原本鱼就是鱼，被有心人一摆弄，有了特殊的意义；很多你原本可以淡然淡定的事，因为别人有所图而做的一个套，你就淡定不了了。

很多事原本没有意义，你赋予它意义，它就有了；有多少事情，本来没那么复杂，给你整个什么概念，你就绕进去了。

明明只要有母亲的本能，就可以带好孩子，偏偏就有人去搞"婴幼儿睡眠引导"。也偏偏就有一些妈妈去加入睡眠训练群，好像经过某种训练就会开光一样，却全然失去了和孩子心心相连的真实的感受，失去了和孩子之间最重要的情感链接，失去了生而为人最基本的本能和本心，结果却给小小的婴儿带来不可承受的绝望与无助，甚至生命的代价。

明明是孩子这个阶段还不具备某个能力，某些自以为聪明的、杞人忧天的父母非得想要孩子提前拥有这项能力不可，当然就会觉得孩子不具备这个能力是有问题的，然后就开始围绕着孩子的所谓"问题"无事生非，折腾孩子，也折腾自己。

天下本无事，非要整出个事，然后人就像驴子一样，整天就围着磨打转。

印度哲学家克里希那穆提指出，"思想的运转方式之一，便是需要不停地被占据，我们大多数人都希望自己的头脑一直被占据着，这样我们就不用去看真实的自己了。我们害怕内心的空白，害怕直视自己的恐惧。"

在这个有海量信息侵入头脑带给人无尽恐惧和焦虑的时代，信任本能是一件弥足珍贵的事。人类都面临着同样的困境，信任自己的身心，包容自己的不安，怎样都可以，你就是当下最好的存在。

7. 做诚实的家长

家长无需完美，诚实即可。孩子不会因为父母不完美而受伤，孩子会看见，这就是真实的人。真诚的人之间，关系是牢固的。

——李雪

一

在商店给宝宝买衣服，先拿了一个90码的，感觉有点大，请营业员帮我拿个80的。营业员说，你家宝宝需要穿90的呢。我心想，这个不需要你讲，你只管给我拿就行了。于是再请她拿，她说，80的没有了。

之前买衣服，遇到的营业员也会这样，请她拿个别的颜色，她说你手上的好看。坚持请她帮我拿我需要的颜色，这时候她就说，那种颜色没有了。

"这件红色毛衣还有其他颜色吗？"

"红的好看。"

"还有其他颜色吗?"

"没有了。"

作为一个营业员,她的职责是如实提供信息和服务。有码就拿出来,没有码就如实相告,而不是去掩饰,去绕弯子,试图以此影响顾客的决策。

作为父母,作为教育者,我们的真实也许就是在自己的限度内满足孩子,提供资源,把世界带到孩子面前,退后。当不能满足的时候,无须愧疚,当能满足的时候,痛快满足。不要试图去控制什么,不要以为能影响些什么,唯一能做的,是在自己的限度上,基于自己的现实,自身还能怎样前进、怎样扩容,能提供什么样的资源。自身限度的解除和扩容,就是对孩子最好的激励。

二

我在课堂上听过一个见习生说起在幼儿园的一件事。一个班级的孩子基本上都做过升旗手了,班上就还有一、二个孩子一次也没有当过升旗手。其中一个孩子貌似是有点落后于班级其他同学的,老师和他说,等他有更多的进步,就会让他当升旗手。看起来老师很有教育的意识和策略。但事实和真相仅仅是,老师不喜欢他,不愿意满足他当一次小升旗手的愿望。对于一个孩子来说,当一次小升旗手真的不需要太多的条件。不让他当就是不愿意满足他,以教育他的名义不让他当，是一种荒唐。

一次带小宝宝去小区游乐场玩。前一天是有雨的，但我们到了滑滑梯那里发现上面并没有雨，同时天空开始有点小太阳了，有点热。一位奶奶带着小孙女也走过来了，老远地听奶奶说，"滑滑梯上有水，不能去玩"；可能看有人在滑滑梯上玩，就又说，"有太阳，太热了"。这样的话，在走近游乐设施的过程中一直不断地重复着。小女孩大概有三岁多的样子，到了设施那里也没有高兴地冲过来玩，只是在踌躇。在老人家不断的念叨中，她崩溃地哭了。老人家看她哭了，开始催她，"那你去呢，你去玩呀！"孩子还是踌躇着，拉着老人家。老人家说，"你去呢，你去不去？不去我们回去了。"孩子哭着说，"不去。"于是她们又离开了。

确实，老人家也没有禁止孩子去玩，她似乎是在做出足够的、充分的、明智的、周全的提醒。但是，成人表达出的过度的、超出事实和需要的预警、担心和顾虑，就像一股沉沉的重量，让孩子变得踌躇、犹豫，甚至兴致全无。

孩子的哭声是她愤怒的表达。作为一个孩子来说，她似乎并不明白发生了什么：为什么那些滑滑梯和我之间隔着那么多障碍，雨水、太阳，还有奶奶的唠叨？为什么大人似乎是好心地在提醒，我却觉得很难受？为什么我突然不想去玩？是的，她太小还想不明白。但是，她的难受是真实的，她的愤怒是真实的，她的难受和愤怒说明这里面有些东西是不对劲的。这种不对劲是什么，孩子还不懂，就连制造了这种不对劲的大人可能也不清楚。更惨的是，这个时候，旁边可能还会有另外的大人，说那孩子不懂事，"你看，让你去玩你怎么不去呢？莫名其妙哭什么呀？"这时，孩子的心就更加混乱，更加不知道发生了什么。她只能模模糊糊地知道一件事情：自己的奶奶，还有旁边的奶奶，他们都是对的。自己错了。

她不明白，大人其实是真的不愿意让她玩，疲态尽显的大人没有那么大的活力和精力，才有那么多所谓的提醒和叨叨。如果大人真想让孩子玩，早和孩子一样地兴奋了。有水，完全可以擦掉，有太阳，可以适当时候问一问热不热。可以想到，肯定不仅仅在这个时刻这个事件中，孩子遭遇到这样的唠唠叨叨。在整个与成人相处的点点滴滴、时时刻刻中，如果总是有这样一个或者几个人，在孩子身边嘻嘻嗡嗡地，不断地表达这样那样的担心、顾虑、禁忌、暗示与提醒，却只不过是掩饰自己对世界和生活的动力不足和兴致缺乏，这会让孩子误认为连自己的生命动力和生命热情也是不好的。

三

姐姐在床上趴着，妹妹在后面，后来姐姐的脚抬起来，不小心碰到妹妹的脸。妹妹哭，我安慰了妹妹，又和姐姐说，你知道妹妹在后面，抬起脚时还往后看了一下，怎么不小心点呢！姐姐不高兴，"就知道护着她，她弄我的时候你怎么不说她？"

我知道姐姐心里不高兴了，所以我也没有再说什么了。

事实已经发生了，解决事情就好了。是我自己加了戏，说了姐姐，姐姐不高兴也是正常的。

如果我继续说，那无非就是和孩子怼，讲一些道理。比如，"妹妹还小，还脆弱，你比妹妹大，更能扛一些。妹妹受伤的话，她又不能表达出来疼不疼，是个什么程度。所以，她磕到碰到，我就比较着急担心。你大一些，能扛一些，也能表达，我相对放心一些。"

听起来，很有道理。但细品，这些道理不就是为了让大人舒服点吗？不就是指责姐姐不对吗？不就是说"我是对的，你是错的，我指责你，你听着，不要不高兴"吗？不要因为自己是大人，就一定要把孩子怼哭了，还不许孩子有情绪。孩子稍有反抗，就觉得孩子不听话；孩子激烈反抗，就觉得孩子有问题。成人觉得孩子不听话、有问题，不就是认为孩子错了，自己永远是对的？

所以，事实的真相就是：妹妹被碰着了，我担心了，我为我的担心加了戏，释放了情绪，姐姐不吃这套。我明智地闭嘴了。

四

一个孩子在受到妈妈的误解后大声辩解、抗议。妈妈受不了了，语重心长地教育孩子，"有话不能好好说吗？""用这么大声音和别人说话别人会高兴吗？""别人误解你也是难免的，很正常的。但你要好好讲，有必要那么生气吗？""妈妈就算说错了又有什么呢，谁没说错的时候呢？你觉得妈妈说得不对，你解释一下不就行了，为什么那么大声呢？"

大人误解了孩子，错怪了孩子，孩子还不能生气，不能大声辩解，还得保持良好的礼仪，心平气和地解释，否则，就又是孩子不对。并且，又是以"为你好"的名义，"以后到了社会上，难免会遇到别人的误解，你这样大声说话，别人心里怎么想，别人不高兴的呀，让别人不高兴了可不行，你的人缘就差了。""大人这是为你好，为了你以后能适应社会。"

认错很简单，也很难，"妈妈误解你了，对不起。"

但大人绕着弯地"教育"了这么多，万变不离其宗：我对，你错。

大人认错很难。大人怎么能认错呢？

"嗯，我误解你没关系，我说错了也没关系，谁没说错的时候呢？但你不要那么大声，你不要生气，你生气会让别人（其实是大人自己）不高兴，你要心平气和，这样才是好孩子，才能适应社会。"这就是欺负孩子年龄小，一时还看不懂成人话术里的本质逻辑，容易被"为好，为了你将来能适应社会"这样的话给忽悠了。

在 A 这件事上家长错了，但家长可没那么容易认错，而是迅速地转移到 B、C、D 上继续怼孩子、打压孩子，并用"为你好"的糖衣粉饰自己的错误。

成人有没有反思下，自己这样容易误解别人，误解了别人还指责别人不该大声辩解，在社会上是不是也不太会受欢迎？

成人有一个常见的想法是这样的：嗯，我会温和地跟孩子讲道理，我这么循循善诱，讲道理，讲后果，孩子就该听我的。这有点像糖衣炮弹，孩子也会迷惑，爸爸妈妈都这么和颜悦色、晓之以理、动之以情、循循善诱了，我也不能再任性了，嗯，我错了。就像之前那位妈妈，极其温和地和孩子讲道理，"妈妈就算说错了又有什么呢，就值得你那么生气吗？别人误解你也是很正常的，你用不着这么大声。"

这个真的是很糟糕的逻辑。妈妈说错话了，误解了孩子，那孩子为什么就不能生气呢？孩子会生气才是好事。当孩子遇到了一些让自己感到难受的事，比如误解、骚扰、诋毁等，他的身体和感觉发出了信号，他觉得难受、愤怒，这难道不是非常正常的吗？这样的个体才是敏锐的，能够识别令人不安和危险的信号，进而保护自己不受伤害。

真正该反思的是成人。如果真的误解了孩子，就诚恳地说声"对不起"。不要用很多道理为自己的错误辩解。成人一味地辩解、用很多道理包装自己的错误，最终会让孩子产生深深的迷惑："妈妈是为我好的，我不该生气，不该大声和妈妈说话，我错了。"这样，孩子根本看不清真正的事实是什么。真正的事实是，妈妈误解了孩子，孩子受了委屈伤心生气。这确实都是正常的，误解是正常的，受了委屈伤心生气也是正常的。但不能说，只有误解是正常的，受到误解生气是不正常的，这样就是歪曲事实，就是用云里雾里的道理把孩子搞晕。

成人们的很多道理，是时刻会变化的，此一时彼一时，可以左右逢源，其目的是为了维护自己的感受，为了维护自己的脸面，为了让自己好受一点。说到底，成人觉得自己的感受才是最重要的。为了这个目的，成人不惜麻痹孩子敏锐的感觉，不惜损伤孩子看见事实的能力。

只有当孩子看见真正的事实是什么，她才逐步有能力去处理事实。

是的，走上社会之后，孩子难免会遇到一些挫折，会遇到一些误解，他也必须不能生气，必须逆来顺受吗？说点极端的，比如说当女孩子上大学了遇到不良导师的性骚扰、工作了遇到同事的挤兑、恋爱了遇到一个总是误解自己怀疑自己的恋人，按照有些大人的"教育理念"，那孩子不就是会觉得，妈妈之前教过我，社会上总是有这样的人，我该适应这个残酷的社会和这些人。这不害了孩子吗？

"适应社会""为你好"很多时候只是一个幌子。从小处说，这样的说辞是为成人的感受服务，让成人此时此刻的心情好受点，免受向孩子认错的尴尬和羞耻；从大处说，这个幌子遮掩了一种不太正常的亲子关系。在这样的亲子关系里，有一个看不见孩子的成人，总在试图消解孩子的主体性。他的话术的逻辑本质永远是：你的感受不重要，你不够好，我总是对的。

当成人敢于直面自己的错误，经得住认错带来的自恋破碎和羞耻，不越界评判孩子的感受和行为，不去破坏孩子的主体性，这才是真的为孩子好。真正有主体性的孩子，他的适应能力是很强的，绝不会因为一时的挫折和困难而导致适应不良。真正有主体性的孩子，能够灵活地处理问题、适应社会。

8. 为什么"看见"一个人很难？

> 把人分成好的和坏的是荒谬的，人要么是迷人的或者乏味的。
>
> ——王尔德

一

英国作家王尔德说，把人分成好的和坏的是荒谬的，人要么是迷人或者乏味。以前看到这句话，并不是很理解。后来才慢慢感悟到其中的深意。把人分成好的和坏的，这是用道德去评判，用头脑去划分，也把人简化和物化了。你符合某种道德标准你就是好的，不符合某种道德标准你就是坏的，评判者离人远远的，指指点点。而说一个人是迷人的或者乏味的，那是用心去感知的，是一个人愿意走近另一个人，愿意进入另一个人的生活和世界，愿意了解他，愿意看看他，这与站在高高的远远的地方评判一个人，是两种不同的态度。

很多人听过、知道心理学上说的"看见"。但仅仅是听过或知道并无多大用处。

看见一个人，看见他此时的感受、想法和需要，首先要重视这个人。这个人在你心中是有位置的。你对他是感兴趣的，在他身上发生了什么事情，他此刻什么感受什么心情，你都饶有兴趣，愿闻其详，你愿意把能量和时间在此刻集中于他身上，好好用心去倾听他在表达什么，他想表达什么，感受着他的心情，悲伤着他的悲伤，快乐着他的快乐，重要着他的重要，兴趣着他的兴趣，关心着他的关心。

可惜，很多时候，这太难了。

我们不爱孩子吗？毫无疑问是爱的，说我们愿意为孩子付出生命也不为过。但也许，正是这种愿意为孩子付出一切只为孩子好的使命感让我们背负了太多沉重的压力。我们认为自己作为孩子的父母和监护人，有责任使孩子得到能力范围内最好的照顾、最好的成长。稍有差池，我们便会自责内疚。这种压力使得父母在心里有很多的设定，预设了什么是好的，事情应该怎么做，怎样才能达到好的标准……一旦有所偏离，便倍感不安和惶恐。此时的父母也是那个在他们自己小时候没有做到最好便会受到责骂和惩罚的孩子吧？当他们成为父母，在他们做事情（包括养育孩子）的时候，这种要尽力做到最好否则会有惩罚的恐惧还是深深攫住了自己。被重重束缚的父母，能量主要用于为自己松绑使自己不至于窒息；曾经没有被好好呵护的父母，终其一生还在保护自己免于被伤害。作为父母，在还没有好好处理自己这样的束缚、压力和恐惧时，我们不太可能看到真正的孩子，我们看到的只是孩子应该有的模样，只是我们认为的孩子应该有的行为和状态。我们所做的只是在保护自己，保护自己免于陷入自责内疚的境地。

在我们自己能量不足时，在我们自己还在着力于保护自己时，我们很难有多余的能量给眼前的人，哪怕这个人是你觉得重要的人，是你觉得你最爱的人。所以，要真正看见孩子，真正爱孩子，父母需要做的是先看见自己，爱自己，解放自己。不需要每天绷得很紧去努力拼命，满身疲惫，不需要趋之若鹜，患得患失。需要的是能看到当下的自己已经做到了能够做到的最好，自己不能掌控另外一个生命会发生些什么；需要的是找到自己的禀赋和生命热情，为之认真投入认真对待，风风雨雨的就关在门外吧。对待孩子也一样，重要的不是要求孩子全面开花，样样皆佳，而是帮助孩子发现自己独特的禀赋和生命热情，尊重呵护这种独一无二的生命能量。

我们的头脑里总有很多很多的待办事项，很多很多如何变得优秀如何成长得更好的外界指南，也有很多很多的条条框框，"应该这样才好""应该那样才对"。头脑不停地在运作，身体不间断地在忙碌，肌肉紧绷，颜面僵硬，心情沉重。不妨停一停，缓一缓，放空头脑，放松身体，柔和容颜，没有什么一定和必须。只有放松和舒缓了，才能真正地把能量和时间给予眼前的孩子，真正地与孩子产生共鸣和链接。这种同频链接的共鸣喜悦，是真正的爱的旋律，真正的生命节奏，真正的灵魂滋养。

二

十岁的姐姐，两岁多的妹妹和弟弟，各自吃梨。姐姐吃完，看妹妹盘子里还有一块，拿过来吃。刚咬一口，妹妹发现了，不肯，大哭。姐姐赶紧放下梨，但妹妹依然情绪激动，眼泪汪汪，挥舞着双手打姐姐，发泄不满。

爸爸走上前，"怎么能这样呢?""怎么能这样打姐姐呢?"

妈妈过来了，捉住妹妹的手，拥着妹妹，说，"不打姐姐了""姐姐吃了你的梨了，是吧?""姐姐现在不吃你的梨了啊。"

旁边的奶奶对弟弟说，"你把梨给姐姐吃"，弟弟听了，把自己的梨给姐姐。奶奶夸奖说，"宝宝真好。"

爸爸只看到了妹妹打姐姐，认为这是不对的，但他没有看到姐姐是拿了原本属于妹妹的梨，直接就批评妹妹不该打姐姐。

奶奶认为妹妹过于小气，姐姐不就吃你块梨吗，多大点事，就大哭，还打姐姐。来，看弟弟主动给姐姐吃。

在遇到诸如此类的情景时，孩子是非常压抑和委屈的。大人都会觉得妹妹不那么懂事。为了一块梨甚至为了一口梨大哭，姐姐都赶紧放下了，可妹妹还是在意那被姐姐动过咬过而变得残缺的梨而去攻击姐姐，至于吗？爸爸批评她，奶奶甚至让弟弟做出了表率和示范，"看，弟弟主动把梨给姐姐吃"，以此来表示：事情没那么严重，一块梨没那么重要，心胸是可以很开阔的嘛！

可是，在妹妹此时此刻的心里，那块梨就是那么重要。也许，换个环境换个时间，妹妹也会大度地把梨给姐姐，"给姐姐吃。"但在那个时刻那个环境，那块梨就是很重要，就是属于她的，她不允许别人动，动了，她就不开心，她就要哭，就要动手，就要不高兴。

至于吗？很至于。

为什么？不为什么。

发展心理学和教育心理学研究婴幼儿心理的章节有没有相关理论来解释妹妹此刻的心理和感受，这种看起来有点任性的情绪和心理？如果成人需要去寻找一种理论解释妹妹此时此刻感受的合理性，那只能说明，成人内心里还是在用

"应该"与"不应该"去衡量孩子的心情和体验。如果是这样，那么，成人将永远不能走进孩子的心里。孩子的感受发生了就是真实的，孩子真实的感受不需要解释，不需要合理化，不需要美化，更不需要歪曲否认，它就是那样，发生了就是发生了，发生了就是真实的，它只需要如是地被看见。

当孩子真实的感受被看见了，这种感受就存在了。对孩子来说，有些感受虽然是真实的，但这种感受并不明确，倏忽来去，它重重地打了你一下，又躲起来，孩子无法很好地面对。看见事实真相，看见孩子内心感受的人，就像是一面镜子或者一个媒介，情绪的能量映照其上，被孩子捕捉到了，于是孩子可以去面对，可以去处理。

不论大人孩子的情绪，还是日常的生活，本质上都是无常的。发生了就发生了，根据当时当地的事实和情景作出必要的反应，就过去了。很多情绪、很多琐碎的事，不会在我们脑海中永久停留和盘旋，也没有必要揪着不放。生活是永远向前的。

但如果我们很担心这样一种情绪会不会过于任性，然后去评判"这样发脾气不好的""这算什么事，值得这么大哭?"，孩子很可能就捕捉不到这样一种真实发生在自己身上的感受，也不能看到事实，只会陷入大人的担心和评判中变得混乱、抓狂。

面对孩子的感受和情绪，无须提建议，无须解释，更无须上升到教育的高度。只需要如实看见，看见事实是什么。妈妈看到，"姐姐拿了你的梨子"，仅此一个事实的看见与描述，就是对妹妹最大的抚慰。

也许会有人疑惑，不管孩子之前受到什么不公正什么委屈，孩子的行为错了就是错了（比如她打别人，攻击别人了），如果去体恤她受了委屈的心情、体恤她在做出攻击性行为之前受到了不公正的对待，那是不是等于承认她做出攻击性行为是合理的？这样她还能认识到自己的错误吗？

实际上，当一个孩子受到了误解、不公、藐视等，她觉得委屈、愤怒进而做出攻击性的行为，这本来就是正常的。这是人的本能。这是人类保护自己的正常反应模式。我们不能把有利于人类进化和自身发展的本能给打压了。

其实成人担心的是，当孩子长大后，如果继续这样的行为模式、任由本能恣肆而不加约束的话，会伤人伤己，比如一时冲动激情犯罪等，酿成不良后果。成人担心的事至少在幼儿身上不会发生，幼儿由于能力有限，做不出过分具有伤害性的行为。作为成人，我们犯的很大的一个错误，就是在面对一个孩子时，不是真正如实地面对眼前的这个孩子，而是头脑飞速地穿越到了另一个时间、另一个地点、另一个环境，去思考不同于此时此刻的孩子身上发生的事。"啥都满足孩子，长大后所求无度怎么办？" "动手打人，不严厉批评，养成习惯怎么得了！" "大人批评一下就受不了，以后怎么适应社会?"

成人似乎很难去面对孩子此时此刻的感受。她坚持一样东西，坚持一种方式，此时此刻她只是想要被满足；属于她的东西被抢走，被毁坏，她此时此刻就是很愤怒、很生气；受到误解和指责，她就是很不爽。成人超越此时此刻去想很多所谓孩子的习惯养成、未来行为模式，只是因为成人已经形成了极为强大的、异常简单的思维习惯：习惯于直接将孩子小时候的行为线性地推理到成年之后，建立起孩子幼年行为 A 与成年后行为 B 之间的简单链接，然后自己吓唬自己，焦虑、恐惧，不安。所有的道理、指责、评判，本质上都是在安抚成人的恐惧和不安，都是在维护成人的自恋和成人的感受。一言以蔽之，就是成人加戏太多。成人需要学习和尝试另一种维度的思考模式，即，看到孩子此时此刻的需要、此时此刻的感受，给予积极回应，不加指责不加评判。

重要的不是超越当下、指向未来的焦虑以及一个又一个"怎么办"，重要的是真诚、信任、独立、尊重的亲子关系的建立。成人对孩子无数次努力的看见和积极的回应，正是构建这样的亲子关系的基础。经由如此美好、稳固的关系，孩子逐渐认识自己，认识他人，认识世界，逐渐形成"主体感"，也学会区分界限，必然有能力处理自己与他人、自己与世界的关系。

9. 孩子的初心和成人的执念

一

有一个国王和乞丐晒太阳的寓言。

国王看到乞丐在沙滩上晒太阳，问他为什么不工作？

乞丐反问，我为什么要工作？

国王说，工作可以挣钱，可以投资，不断挣更多的钱。

乞丐问：那么然后呢？

国王：然后再投资，再挣钱，挣到足够多的钱，你就可以像我一样，很舒心地在这里晒太阳了。

乞丐：我现在就在晒太阳呀！

孩子们的生活很简单。他们虽然看起来像乞丐一样一无所有，但他们对自己和世界有一种很纯粹的平等的观念。和成人相比，孩子们更能没有压力地、自然地享用生活、享用时光、享用世界。孩子的欲望和需求能够直接表达；孩子和世界之间没有隔阂，他们可以和世界赤诚相对。

孩子们自然地表达欲望、得到满足、享用世界、拥抱世界、创造世界。教育，是要守护这分赤诚、直接和勇敢。不论孩子的生活还是成人的生活，原本都应该是愉悦的、满足的、幸福的。这种愉悦、满足和幸福，不需要额外附加条件和压力。

有位朋友打算去一家自闭症机构应聘个职位，好好跟孩子在一起。结果透过玻璃窗，看到老师对孩子的训练，令她感到害怕。有个孩子要玩蓝色球，老师非要逼问孩子，这是什么颜色？孩子不愿意说，老师就说：那不可以玩。孩子说蓝色。正准备去拿，老师又换一个黄色的，又问是什么颜色？这位朋友甚至觉得，在这样的训练之下，即使没有自闭症的孩子也会被训练成自闭症。

在被视为有"问题"的孩子眼里，这些成人也是有问题的吧？

这都是什么样的成人在从事"教育"孩子的工作？没有真正地靠近孩子、理解孩子，缺乏对孩子生命和天性的敬畏，看不到孩子对生活和世界的喜悦和好奇。相反，成人制定了一套自认为对孩子好的、需要让孩子掌握的干巴巴的"知识"、"教条"和"规则"，迫使孩子接受，并持续打断孩子自发从事的活动。如此成人，正在以教育之名行反教育之事：毁掉孩子对生活和世界的喜悦和兴致，压制孩子自发的行为和意愿，让孩子成为大人们的提线木偶。孩子必须耗费自身很大一部分能量去应对这样的侵犯和打扰。日复一日，用不了多久，孩子原本饱满而生机勃勃的能量就一点一点地失去了，最终变得虚弱、无神，真的就成了成人口中的"问题"孩子。

孩子们生来就有着源源不断的能量和动力去爱、去感知、去探索、去体验、去学习、去创造。这粒最初的蕴含着能量和动力的种子，需要沐浴在爱和自由的阳光中，需要成人用心去守护。

成人守护孩子对于世界的赤诚与初心，与成人想要孩子学到更多的知识与经验，并不是彼此对立的，而是可以相互促进、和谐共生的。原本，成人就有责任有义务营造良好的关系、设置丰富的环境、给予相对充分的时间和空间、提供适合孩子发展水平和需求的活动，让孩子在兴趣、好奇心和探索欲的引领下，投入其中，在游戏中、在活动中，不知不觉获得有益的经验。然而，这个过程，不是那么容易的。这意味着成人要超越对自身世界的惯常认知，抵御用世俗的语言粗暴解读孩子的诱惑，俯身潜入孩子的心灵世界，关注孩子生活和生命的方方面面，听听他在表达什么，看看他需要什么；这意味着以成人为主导的亲子关系、师生关系向以孩子为主导的转变：不是孩子迎合成人，而是成人为孩子服务。这些要求和转变是对成人人格、智慧和资源的巨大挑战：成人是否具有坚韧的人格能够进入孩子的世界而没有失去权威的恐惧和羞耻？成人是否具有相关的儿童生命发生发展的知识和智慧去观察、聆听、看见孩子？成人是否具有足够的自我发展的能力、财力和资源为孩子提供适宜其发展的条件和环境？有底气经得住这三问的成人，也往往是能够自我反思和自我负责的。他们不会固守着一个自以为是的道理和规则要求孩子必须去遵守；当出了问题时，他们也不会甩锅给孩子。

二

现实中，成人时常会受到自身人格、认知、视野、资源等种种局限，不能为孩子创造适应其发展和成长的条件。这时，成人的觉知和反思是必要的：孩子的自发本性是怎样的？孩子的发展需要什么样的环境和条件？我能提供什么？我的局限是什么？我该怎样突破局限，为孩子发展提供更好的资源、环境和条件？如果我不能突破局限，我该怎么做？最难的，是诚实地直面自己的局限，在自己力所能及的范围内满足孩子；最需要警惕的，是将直面自身局限时的窘迫、无力、焦虑和羞耻转嫁给孩子，去要求、评判和指责孩子。

其实，我们大多数人都还没有真正达到去"教育"孩子的水平。教育原本的样子应该是，我们经由孩子的指引，看到孩子原本的天性和初心，欣赏、顺应、呵护、满足孩子的天性。而所有从大人们自身出发想要孩子去做的，想要孩子成为某个样子，本质上都是一种执念，都是成人有限认知的产物。我们认为这种执念是好的。我们心心念念想要孩子知道一些知识、习得一些技能、达到某种水平、获得某种资质、符合某种标准，如若不然，我们便担心、烦躁、恼怒。

我们必须正视和承认，我们的担心、顾虑和执念是属于我们成人自己的。就像乞丐已经在享受阳光了，但国王却觉得要有很多钱才能沐浴阳光。"有很多钱才能安然晒太阳"是一种执念。已经在悠然享受太阳的乞丐是不存在这种执念的。在这方面，国王反而是可怜的。国王觉得要富有了才可以去晒太阳，这也没错。但如果国王硬要把执念强加给乞丐，让乞丐必须去挣了足够的钱才能更幸福地晒太阳，并说这是为了乞丐好，这就是一种意志的霸凌。

当成人对孩子说"我是为你好"的时候，其实是想要说服孩子，是想贯彻自己的意志，是想安放自己的焦虑和恐惧。既然是想要孩子认同和执行自己的意志，那就应该做好孩子接受和不接受的两手准备：能接受孩子的接受，也能接受孩子的不接受。当孩子接受的时候心怀感激；当孩子不接受的时候，学会尊重，学会反思，努力去设想能够顺应孩子本性、让孩子能够接受的更好的方法。而不是在孩子不接受的时候，占据道德高地，各种批评、羞辱、打击。别忘了，成人想要孩子接受的，原本只是执念而已。

不同的人有不同的执念，或大或小，或多或少，或隐或显。一个人在他人选择接受或不接受自己执念的时候，又有不同的反应。如此，无论家庭还是学校，也就演绎了父母与孩子、老师与学生之间无数悲悲喜喜的故事。

成人不应把对执念的坚持当成了教育原本的样子："孩子，有一件事，我觉得这件事是好的，你必须要这样做。你做了呢对你有好处。你不做或者你没做好，就不可以，就是你不对，就是你不好，就要受到批评，就要受到责骂，评判，甚至侮辱。"

不如诚实地问自己：孩子的需要是什么？我看到他的表达他的需要他的自我了吗？我能满足他吗？我能做些什么去满足他？如果不能满足他是因为我自己的需求和他的需求相冲突，还是因为满足他在观念上让我痛苦、焦虑和害怕，抑或是因为我的认知、能力、资源等的局限？我的需要是什么？我如何能在当下的状况中与孩子达成一种共识、寻求一种平衡？

看见孩子的初心，也看见自己的执念；看见美好的愿望，也看见现实的局限；看见勇敢，也看见脆弱。

没有谁是完美的，致敬每一位即使受困于现实世界的局限和无奈，但依然心怀善意、向往美好，能够包容孩子也能原谅自己的成人。

10. 与孩子沟通，没有捷径

父母总习惯把孩子的种种表现和行为问题作为教育的起点，采取各种办法去"惩罚""管教"孩子，其实是搞错了逻辑，颠倒了因果。孩子的现状和表现恰是我们的榜样示范、教养方式、亲子关系导致的结果。父母要做的是关注孩子行为背后的动机、原因和真实需求，去解决真正的"因"。众生畏果，菩萨畏因。

——王人平

　　沟通不仅仅限于语言的沟通、遇到问题之后的沟通。育儿过程中无时无刻不在沟通：心灵的沟通，身体的沟通，表情的沟通……作为父母，你的人格、你的性格、你的信念理念、你对待孩子的态度，已经先于语言在和孩子进行无形的沟通。对孩子来说，他用心感觉到的东西，比父母说出来的东西，对他而言更为真实，更能影响到他。

　　如果把与孩子的沟通理解成：我怎么说孩子才能听？我无法接纳孩子的行为，怎样和他沟通，改变他的行为？这样的想法实际上是在问，我怎样能控制孩子？如果我们认定沟通需要解决的是孩子的问题，那这样的想法这样的方向出发点就是错的。

　　育儿过程中很多事情不能只看表面。比如，一位妈妈略带欣慰地说，孩子很懂事，会察言观色。其实孩子会察言观色不是一件值得家长高兴、骄傲和欣慰的事。他学会察言观色，其实是在一种他没有被尊重被接纳甚至没有感受到温暖、信任、爱和安全的环境中，不得已竖起防护的篱笆，通过察言观色，小心翼翼地避免受到责骂、惩罚甚至暴力以及由此带来的恐惧。温尼科特认为，儿童对外部世界的这种过早关注会限制并阻碍儿童自身主观性的发展和巩固。①

　　孩子外显的行为是最容易接触到的。但外显的行为是由内在和核心的因素决定的。一个简单的从内到外的模型图如下。

一

　　核心的因素才决定一切，核心的、内在的、基础性的因素做好了，我们才能去谈外部的。如果核心的因素已经伤痕累累，从外面修补、去做所谓的沟通，是很难的。所以我们从内往外看。

　　所谓一个孩子核心的因素，就是他的自我。我们成人有没有真正把孩子作为一个独特的人去尊重，去好好地爱他、呵护他？允许孩子做自己，允许他有他的人生命运，有不同于他人的、不同于成人的独特的需求和感受，允许孩子不听你的，不按你说的来？

————————

①　马格丽特·J.布莱克，斯蒂芬·A.米切尔：《弗洛伊德及其后继者》，第154页。

孩子如果能够感受到来自父母的或者来自家庭其他成人的关爱和温暖，能够感受到信任、满足，心情大多数时候是感到平静、愉悦、安全的，那即便是出现一点状况，问题也不会太大，也好解决的。相反，如果孩子没有感受到爱，被暴力、被驯服，被干涉、被控制，他感到恐惧、不安、紧张，那出现了行为问题，就不是如何进行言语沟通能够即刻解决的了。

二

模型从内到外的第二层，是一个孩子由他的自我衍生出来的既有共性又有个性的需要。

（1）孩子有哪些需要？

根据美国心理学家马斯洛的需要层次理论，人类有五种基本需要：生理需要、安全需要、归属与爱的需要、尊重的需要、自我实现的需要。

对于幼儿来说，心理上最大的需要就是对爱的需要。《孩子，把你的手给我》一书的作者指出，孩子最大的恐惧是父母不再爱他并要抛弃他。所以，永远不要威胁孩子说要抛弃他。不管你是开玩笑，还是愤怒，都不要警告孩子说他将要被抛弃。许多孩子的问题背后真正的意图，是他们对父母是否还爱着自己的确认和放心的渴望。

所以当成人发火、生气，很想让孩子停止哭泣，为什么孩子停不下来？我和女儿有过几次这样的时刻，我们有过一些小矛盾，她哭了，我让她不要哭了，但是没用。但我如果去抱抱她，作出友好的表示，她就会慢慢止住哭泣。我后来感受了一下，她是怕妈妈真的生气了，担心和妈妈的链接断了，怕妈妈不喜欢她不爱她了。大人试试先平静下来，抱抱她，和好，她就停下来了，然后再去好好说。在孩子的心中，父母尤其是妈妈，就是她的世界、她的所有，如果妈妈生气了，她会担心和妈妈的关系有断裂的危险，这就意味着她的世界会坍塌了，她怎么会不害怕呢？父母绝不能利用孩子的这种心理去威胁、控制孩子，而是应该给孩子一个稳稳的、让她觉得安全的、无论发生什么父母都不会离开都会在她身边的感觉，对和妈妈之间关系的笃定是孩子健康心理成长的最基本的环境。

育儿专家小巫写过一篇文章《接纳孩子对父母的愤怒》。小巫指出，很多成年人是玻璃做的，特别脆弱，不堪一击，孩子对自己略有不恭，成年人就崩溃了。成年人的尊严弱爆了！孩子对我们略有不从，我们就觉得尊严受损，这会让孩子看到，自己最依赖的那个成年人，居然是如此一触即碎。小巫说，接纳这些爆发，我们向孩子展示，我们并不惧怕仇恨，我们也有信心这种情绪是可控的。

对幼儿来说，仅次于对爱的需要的是他们对于自主的需要。他们需要自己去感受世界、触摸世界，去听去闻去看去操作，去玩耍去释放他们的能量。我们说孩子会"察言观色"不是好事，但我觉得，成人倒真的要会对孩子"察言观色"，看他们对什么感兴趣，想做什么，需要什么，及时给予回应和支持。

除了心理上的需要，在物质上孩子也有这样那样的需要，要这要那。物质上的需要其实也是心理上那些想要去触摸、探索、好奇等需要的延伸。对于孩子们要这要那，大人们也有这样那样的担心，比如，这个玩具这么贵、这个玩具对于智力开发没啥用处啊，或者总依着孩子，会被惯坏的。实际上，孩子有需要是好事，能表达自己的需要更是好事。

（2）孩子有需要是好事，会表达需要更是好事

心理学者李雪认为："孩子有需要说明生命力旺盛，想吃好的，吃起来特香；想买好东西，买到了心里美滋滋的，想尝试没尝试过的事，充满好奇心，这就是生本能，满满的生命力啊！然而生本能的展现，在中国经常成了羞耻的事情，孩子想吃零食，被骂贪嘴，孩子喜欢好东西，被骂爱慕虚荣；孩子想探索事物，被认为调皮捣蛋，孩子的生本能就这样被日日折损，成为了焉了吧唧自体虚弱的人，然后被父母责骂为啥做事情总是没恒心没毅力，就是因为生命力衰弱了啊！"

能表达自己的需要则说明孩子对这个世界、对成人还是

很信任的，也说明孩子在以往的生活中受到了比较人道的对待，所以他敢于表达自己的需要。

（3）在能力范围内尽可能满足孩子

成人在能力范围内尽可能去满足孩子，孩子被宠爱，被呵护，被满足，感到幸福愉悦，感到世间美好，感到自己值得关怀和爱护，自己值得享用一切美好。这就是一种格局，一种自信，就是他能够大胆放心地追求自己的梦想，向世界发出声音并努力去实现梦想的底气和原动力。不要担心孩子被惯坏，只要父母人格正常，心理健康，孩子惯不坏的。

日本漫画家五味太郎认为，"在孩子十岁之前，应该给他颁发'自由护照'。绝对不可以和孩子谈金钱利益。当他提出要去动物园，就要答应'好的，请'；他想坐电车，就说'好的，请'；夜里他想要借宿住下，也要回应'好的，请'"。①满足孩子，是真心的喜欢孩子爱孩子，绝不是甩给孩子一堆物质，其他什么都不管，也绝不是以此为条件，"喏，我什么都满足你了，你得听话了"。

在现实中，我们也不可能事事满足孩子。因为父母也是人，也是有局限的，受到金钱、精力、心理、观念等的限制。

---

① 五味太郎著 / 绘：《孩子没问题，大人有问题》，李奕译，北京：南海出版公司，2016 年，第 184 页。

如果没有能力满足就如实相告，而不是转移视线，进行评判，"孩子的需求是不应该的、孩子要这么多是不懂事的、孩子看上好的东西是虚荣的"；或者编造谎言，比如今天这里的东西是不卖的；或者否认孩子的感受：那个东西根本不好看等。孩子只是提出请求，表明自己需要一样东西，父母可以给可以不给，但真的不需要王顾左右，东扯西扯，把简单的事情搞得很复杂。

三

精神分析大咖们都会说，学精神分析，学心理学，不能只用头脑，一定要用感受。

曾奇峰老师说过这样的话，父母当着孩子的面吵架，相当于当着孩子的面做爱。这些话，你单用头脑分析，会有满满的疑惑，怎么也想不通的，这是哪儿跟哪儿的事。但你把自己置于那个孩子的位置上去感受，自己的爸爸妈妈不管是吵架打架还是做爱，两个大人纠缠在一起，语言动作上你来我往，完全无视了在场的孩子。此时孩子的内心是感到被抛弃的，孤单的，无助的。两个大人是链接在一起的，唯独孩子是一个人，他也根本没有办法上去说一声，嗨，我在这儿，你们看看我。

我们都习惯了用头脑去分析，用客观现实中看得到的东西去下结论，却很难用心去感受，不敢看见、不敢承认当事人的感受就是当下对他来说最真实的体验，是一种看起来主观但却实实在在的真实。当孩子觉得菜有点咸，那对他来说，是真的感觉咸；当孩子说害怕，对他来说，是真的在害怕；当家里的三个人中有两个在纠缠，他感觉被抛弃，这就是他那一刻真实的感受。

我曾给文文买了个电动恐龙玩具。打开电源，恐龙会发出声响走动起来。但是文文很害怕。如果打开电源，她会害怕地大哭阻止，或者跑到别的地方。电源不打开时，她可以和小恐龙玩，把手伸进恐龙嘴巴，假装被咬了，喊救命。但是就是不许开电源。哪怕大人都在边上。这没有什么理由，我们只能尊重她，尊重她的感受。

四

再看模型的最外层——孩子的行为。孩子哭了、闹了、不听大人话了、无理取闹了、调皮捣蛋了等等，这些都是我们接触到的孩子的行为层面。很多时候，我们就止步于行为层面了。我们之所以常常止步于行为层面，倾向于在行为层面解决问题，一个主要的原因是我们常常不能够接纳孩子的行为。我们看到孩子的行为，忍不住就会噼里啪啦地对这种行为给予评判分析，就不再深入去了解行为背后的感受和需求，以及行为背后的这个人了。

有人这样说，"根本就不存在坏孩子，只有生气的、受伤的、委屈的、愤怒的、累了的、害怕的、搞不清楚状况、容易激动的孩子，他们只是通过自己能理解的唯一方式去表达自己内心的意愿和此刻的心情。"我们不能只看到孩子表面的行为，而要能通过听、通过看、通过心领会他究竟在表达什么。

孩子 A 搭好了积木，孩子 B 走过来一挥手把积木打翻了，孩子 A 抓起积木打向孩子 B。我们能说"A 打同学了，所以 A 有攻击性"吗？如果只是看到孩子 A 的攻击性行为，那就只是着眼于外在的行为，没有看到 A 努力搭建的成果被毁掉之后的愤怒。他的行为在表达他的愤怒。成人正确处理这件事的前提是能看到孩子 A 当时的感受。

蒙台梭利指出，我们"应该经常对儿童的困境进行反思。儿童并不能用他的理性来理解不公正，但他会感知到某件事错了，并变得抑郁和心理畸形。出于对成人的怨恨或轻率行事，儿童无意识的反应就用拘谨、说谎、无目的的行为、无明显理由的叫喊、失眠和过分的恐惧表现出来，因为他还不能用理性来领会导致他抑郁的原因。"① "儿童发脾气和反抗，只是儿童创造性的冲动和他所爱的那个成人并不理解他的需要之间一种生死存亡的冲突的外部表现。当儿童不服从或发

———————

① 玛利亚·蒙台梭利：《童年的秘密》，马荣根译，单中惠校，第153页。

脾气时，成人应该始终想到这种冲突。"①

我们能看到孩子的感受、孩子的需求、孩子的自我，我们通过日常生活与孩子相处的点点滴滴中，尊重孩子、满足孩子、回应孩子。通过这种无形的沟通，孩子感受到"世界是善意的、我是被深深地爱着的、我配得上世界美好的一切"，孩子是感到满足的、愉悦的、安全的，对世界是信任的，这样的孩子是很好沟通很好说话的。

五

与孩子沟通，不仅要看到孩子行为背后他的自我、他的需求、他的感受，还要看到这个沟通背后，还有成人，成人的需求、成人的思维和信念。沟通是双向的。

每个成人都是哲学家，头脑中都有一些指导自身行为方式的信念，不可避免地会将这些信念运用到养育孩子的过程中。从小到大，每个人都从大人那里、书本上、网络上或者某个权威那里学到了这样那样的信念，"吃得苦中苦，方为人上人""凡事要多为他人考虑"等等。我们不分具体情况、不加辨析、不加思考便认为这些是对的，却没有去思考事物的其他维度，没有去思考真实的情景。比如，要成为人上人，

---

① 玛利亚·蒙台梭利：《童年的秘密》，马荣根译，单中惠校，第111页。

要有出息，确实需要在困难的时候坚持、能耐得住寂寞、吃得了别人吃不了的苦。但这应该是在获得了这件事带给人的乐趣之后，一个人心甘情愿去吃苦。他感受到了学习中的乐趣，他受到了吸引，他因为这份热爱、这份吸引、这份乐趣，他愿意去吃苦，而绝不单纯地为吃苦而吃苦，绝不是吃了苦就一定会有回报。又比如"忍辱负重"，"一个人要宽宏大量"等，很多时候变成了一个人站在道德高点上对另一个人的无端和无理的要求。忍辱负重、宽宏大量没错，但这需要另一个人值得别人对他宽宏大量。

成人的头脑中总会有这样那样自以为是"真理"的信念、经验和教条，却忘记了具体的事实和情景。我们信奉一样事物、一个教条、一个知识，也许更重要的原因是，这些俗语大家都在说，它们是道理正确的话，会让我们承受的心理压力更小，让我们更少受到指责。但如果我们不加思考就套用的话，我们的损失更大，我们被"道理"、被"信念"、被"应该"、被"正确"之网困住，失去的是本心、本能、感觉和反思。

当我们因为自身头脑中的固有信念而确实无法接纳孩子的某种行为时，不妨问问自己：在这件事上我持有什么样的信念？这样的信念来自哪里？它适用于当前的情景吗？我为什么一定搬出这个信念，我想达到什么目的？我目前遇到了什么困难？我在恐惧和害怕什么？我们总说育儿也是育己，很大程度上，就是通过回溯自己所持有的信念，信念背后的恐惧、焦虑，看清事实，直接解决问题，与孩子共同成长。

六

　　育儿理论为父母们提供多元的视野和见解，帮助父母更好地理解生命、理解孩子。然而有些父母在了解了一些专家学者的育儿观之后，急于从中简化、抽取出若干结论或技巧，想知道这些育儿理论在自己的育儿过程中如何实践，他们往往会持续不断地提出一个又一个"该怎么做"的问题。但是，在亲子关系领域，无论多先进多科学多高深的理论都不如亲子之间源于本能的、发自内心的爱与情感重要。本能的爱与情感是什么样的？在孩子开心的时候，你也觉得开心，你愿意做让孩子开心的事；在孩子不开心的时候，你会感受到，你会心疼，你会想让他好受些。简单点说，这就是爱的本能。在孩子这样的开心与不开心里，在父母这样的愿意与心疼里，就是人类与生俱来的爱。有些父母在对孩子流露出自然的情感时（这种情感可能是正面的也可能是负面的，可能是幸福愉悦的也可能是愤怒痛苦的），他们头脑中常常同时会升起对自己或孩子行为正确与否应该与否的评判和纠结，升起"如果这样则会怎样"的担忧和恐惧。这个时候，那些能够允许自己表现真实、能够看见当下的孩子、看见当下的事实，那些能够拿掉评判直面恐惧的父母，可谓是最勇敢最有教育智慧的父母了。所以，不要问"什么是正确的方法，我该怎么做?"要问，去问孩子，问生命。孩子会引导你，生命会引导你。没有任何一种理论没有任何一个教育专家比你的孩子更能告诉你，你该如何对他。你非要压抑孩子的本能和天性，也非要压抑自己的本能和天性，然后去问，"我该怎么做? 正确的方法是什么?"没有人会给你一个正确而合适的答案。对父母来说最难的，并不是找到绝对权威的教育宝典，而是不让这样那样的权威或宝典横亘在父母和孩子之间。

在家庭教育，在亲子关系、亲子沟通中，是实实在在存在着一些我们无法言说、无法一言以蔽之的因素，比如，爱。爱这件事，不是嘴上说一句"我爱孩子"，爱就真的存在了，你就真的爱孩子了。你给孩子亲近的陪伴、温暖的拥抱、真正的尊重、耐心的倾听、及时的回应、大度的包容了吗? 你和孩子相处过多少日子，一起走过多少路，一起嬉戏一起充实过多少时光? 爱是一天一天的、一点一点的，在父母和孩子之间流动；爱就像阳光、空气、水一样是家庭里日日存在着的。在父母温暖的拥抱和纯粹的笑容里，孩子开始信任、依恋父母；在父母真正的尊重、耐心的倾听、及时的回应里，孩子开始表达自己的声音和想法；在父母大度的包容里，孩子敢于尝试、犯错。在父母撑起的爱的天空下，孩子自由奔跑，摔倒了自己爬起，犯错了有勇气纠正。爱并不是纯粹物质的给予却过度远离，也不是超越边界共生的过度侵犯。好的亲子关系让孩子感到依恋、信任、勇敢、自信。诚如约瑟夫·奇尔顿·皮尔斯所说，"亲子教育是在家庭成员的互动中发生的，真诚的相处和生活在一起所带来的活力和喜悦，是灌输、说教和命令的方式所无法带来的。"我们在讨论和分析一些教育现象的时候，我们在急切地问"怎么办"的时候，不能过滤和剥离了这些在教育中看似无形却有力的因素，比如父母和孩子之间是否真实存在着流动的、美好的爱，家庭环境的氛围是否和谐、温暖、民主等等。这些不是靠嘴巴说的。"我很爱我的孩子，可是孩子却太不听话，太让我失望了""我是在教育孩子，是为了他好。"每个人对"爱"、对"教育"有着不同的理解。虽然很多时候我们说的是同样的词语，但同样的词语背后代表的内容却是不一样的。

教育学者王人平老师指出，"孩子问题多，让我们不能接纳？其实是我们不能接纳，导致孩子问题多；孩子能力差，让我们失去信心？其实是我们不相信，导致孩子自暴自弃；孩子脾气坏，让我们没耐心？其实是我们缺乏耐心，导致孩子脾气坏；孩子不听话，我们才打骂？其实是我们的打骂，才导致孩子逆反。行有不得，反求诸己。"很多问题，需要反思的都是我们做父母的。作为成人的我们有责任有义务作出反思、作出改变。如果我们真的爱自己的孩子，我们就愿意去反思愿意去承认自己做得不对做得不够的地方，愿意去改变自己。从这个意义上说，能够进行反思有勇气承认错误的成人才是真正爱孩子的。

主要参考文献

阿迪亚香提:《觉醒之后》,屠永江译,北京:华夏出版社,2015 年。

伯特兰·罗素:《教育与美好生活》,张鑫毅译,上海:上海人民出版社,2017 年。

仓桥物三:《育儿之心》,郑洪倩,田慧丽,杨剑译,上海:华东师范大学出版社,2015 年。

邓康延,梁罗兴等:《盗火者——中国教育革命静悄悄》,北京:新星出版社,2014 年。

高杉自子:《幼儿教育的原点》,王小英译,上海:华东师范大学出版社,2014 年。

河合隼雄:《走进小孩的内心世界》,萧照芳译,亲子天下出版社,2019 年。

海姆·G.吉诺特：《孩子，把你的手给我》，张雪兰译，北京：北京联合出版公司，2018年。

艾莉森·高普尼克：《园丁与木匠》，刘家杰，赵昱鲲译，浙江人民出版社，2019年。

金生鈜：《学校教育生活之于儿童的意义——对儿童享用教育生活的现象学解释》，《教育研究》2018年第6期。

卡尔·R.罗杰斯：《个人形成论——我的心理治疗观》，杨广学，尤娜，潘福勤译，北京：中国人民大学出版社，2004年。

克里希那穆提：《教育就是解放心灵》，张春城，唐超权译，北京：九州出版社，2010年。

雷切尔·卡森：《惊奇之心》，王家湘译，尼克·凯尔什摄影，南宁：接力出版社，2014年。

李雪：《当我遇见一个人》，北京：北京联合出版公司，2016年。

李雪：《有限责任家庭》，北京：北京联合出版公司，2019年。

刘晓东：《儿童精神哲学》，南京：南京师范大学出版社，1999年。

刘铁芳：《返回生活世界教育学：教育何以面对个体生命成长的复杂性》，《教育研究》2012年第1期。

卢家楣：《情感教学心理学》，上海：上海教育出版社，

2000 年。

马丁·布伯:《我与你》,陈维纲译,北京:商务印书馆,2015 年。

斯蒂芬·A.米切尔,马格丽特·J.布莱克:《弗洛伊德及其后继者》,陈祉妍,黄峥,沈东郁译,北京:商务印书馆,2013 年。

玛利亚·蒙台梭利:《童年的秘密》,霍力岩,李敏谊译,北京:中国人民大学出版社,2008 年。

玛利亚·蒙台梭利:《有吸收力的心灵》,方补课译,上海:上海人民出版社,2019 年。

玛利亚·蒙台梭利:《童年的秘密》,马荣根译,单中惠校,北京:人民教育出版社,2005 年。

马斯洛等:《人的潜能和价值》,林芳主编,北京:华夏出版社,1987 年。

苗雪红:《儿童精神成长论》,上海:上海三联书店,2016 年。

孙瑞雪:《完整的成长——儿童生命的自我创造》,北京:中国妇女出版社,2018 年。

唐纳德·W.温尼科特:《妈妈的心灵课——孩子、家庭与外面的世界》,赵悦译,海口:南方出版社,2011 年。

太宰治:《人间失格》,高詹灿,袁斌译,天津:天津人民出版社,2013 年。

托马斯·戈登：《父母效能训练——让亲子沟通如此高效而简单》，琼林译，北京：中国发展出版社，2015 年。

文聘元：《现代西方哲学的故事》，天津：百花文艺出版社，2005 年。

五味太郎著 / 绘：《孩子没问题，大人有问题》，李奕译，海口：南海出版公司，2016 年。

武志红：《拥有一个你说了算的人生》，北京：民主与建设出版社，2019 年。

徐钧：《心理咨询师的部落传说》，北京：中国致公出版社，2018 年。

虞永平：《生活化的幼儿园课程》，北京：高等教育出版社，2010 年。

约翰·霍特：《孩子是如何学习的》，张雪兰译，北京：北京联合出版公司，2016 年。

赵南：《教师理解儿童的内在阻碍：基于一项田野考察的发现与反思》，《学前教育研究》2020 年第 2 期。

赵南：《对学校教育目的与功能的新构想——基于儿童自我意识发展的视角》，《教育研究与实验》2012 第 4 期。

曾奇峰：《幻想即现实》，北京：北京联合出版公司，2017 年。

曾奇峰：《你不知道的自己》，山西：希望出版社，2012 年。

张汝伦：《现代西方哲学十五讲》，北京：北京大学出版社，2005 年。

朱光潜：《谈美》，桂林：广西师范大学出版社，2006 年。

竹内薰：《假设的世界：一切不能想当然》，曹逸冰译，海口：南海出版公司，2017 年。

后 记

曾经，能说会道、谈笑风生、做事圆润、为人处世恰到好处……这么一个充分社会化的人，是我内心很羡慕的完美标杆。我也一直以为，人长大了成熟了就应该是这个样子。直到有一天，朋友和我说，你的感受力很好。我才意识到，感受力好，也是一个优点。

我一直没学会在社会上游刃有余。所幸，感受力也没有变弱。到现在，我还是一个不够社会化、内心似乎没长大的成人。还是有很多的孩子气、冲动和任性。

这不太好。我的家人、朋友以及和我交往的人，可能会为此而吐槽。就像我和家人相处会发脾气而学不会相敬如宾、克己复礼，就像我和孩子相处有时不像妈妈而显得没有权威，就像我和朋友相处有时任性而不够周全……但是啊，我内心里却是深深知道，我是爱他们的，他们也是爱我的。

就像这本书，也不够完美，这是我在诸多学者和老师的指引与启迪下对教育对孩子的一些理解和感悟，想和为人父母者分享。这本书，它不是答案，答案在孩子身上；它不是技巧和方法，因为每个孩子是生动的，具体情景是千变万化的。它只是分享一些在日常所知之外的其他视野，一些存在于一定和必须之外的其他可能性，而视野的打开以及看到更多可能的存在，会让我们的心更加放松、更加柔软、更加灵活，而这些，正是我们在培育孩子的时候更为缺乏的。

感谢自体心理学家徐钧老师为本书做序；感谢恩师中共中央党校（国家行政学院）胡月星教授、上海师范大学卢家楣教授对我的培育、关心和鼓励；感谢常熟理工学院领导和同事们的关爱、指导、支持和包容；感谢常熟理工学院教育学重点学科、学前教育一流本科专业建设点为本书出版提供资助；感谢为本书出版默默付出辛劳的全体编校人员；感谢殷亚平博士所做的大量耐心细致的工作；感谢热心的才女设计师王姝英为本书设计封面；感谢我的家人、闺蜜们和好多朋友满满的爱！感恩家人、老师、朋友、领导、同事，以及我生命中的贵人，给我人生的指引，让我感受到满满的爱和包容，让我有信心期待未来的生活中会有更多遇见和美好。

图书在版编目(CIP)数据

别焦虑,我们慢慢来:理解孩子的内心世界/田学英
著.—上海:上海三联书店,2021.8
ISBN 978-7-5426-7446-3

Ⅰ.①别… Ⅱ.①田… Ⅲ.①儿童教育-研究 Ⅳ.
①G610

中国版本图书馆 CIP 数据核字(2021)第 113736 号

别焦虑,我们慢慢来:理解孩子的内心世界

著　　者／田学英

责任编辑／殷亚平
装帧设计／一本好书
监　　制／姚　军
责任校对／王凌霄

出版发行／上海三联书店
　　　　　(200030)中国上海市漕溪北路 331 号 A 座 6 楼
邮购电话／021-22895540
印　　刷／上海惠敦印务科技有限公司

版　　次／2021 年 8 月第 1 版
印　　次／2021 年 8 月第 1 次印刷
开　　本／889 mm×1194 mm　1/32
字　　数／150 千字
印　　张／8
书　　号／ISBN 978-7-5426-7446-3/G·1603
定　　价／48.00 元

敬启读者,如发现本书有印装质量问题,请与印刷厂联系 021-63779028